现代民宿经营发展策略研究

张海涛◎著

文化发展出版社
Cultural Development Press
·北京·

图书在版编目（CIP）数据

现代民宿经营发展策略研究 / 张海涛著. -- 北京 : 文化发展出版社, 2024. 7. -- ISBN 978-7-5142-4394-9

Ⅰ. F719.2

中国国家版本馆 CIP 数据核字第 20246A3L73 号

现代民宿经营发展策略研究

张海涛　著

出 版 人：宋　娜

责任编辑：袁兆英　　　　责任校对：岳智勇

责任印制：邓辉明　　　　封面设计：谢婉莹

出版发行：文化发展出版社（北京市翠微路 2 号　邮编：100036）

网　　址：www.wenhuafazhan.com

经　　销：全国新华书店

印　　刷：天津和萱印刷有限公司

开　　本：710mm × 1000mm　1/16

字　　数：225 千字

印　　张：11.25

版　　次：2025 年 1 月第 1 版

印　　次：2025 年 1 月第 1 次印刷

定　　价：72.00 元

I S B N：978-7-5142-4394-9

◆ 如有印装质量问题，请电话联系：010-58484999

前　言

民宿是伴随消费需求升级出现的一种新兴非标准住宿业态，被誉为“有温度的住宿，有灵魂的生活”。当前在我国的住宿消费结构中，入住民宿的客人数目日益增加，加上移动互联网、电子支付、大数据等信息技术的发展，民宿产业发展呈现一片欣欣向荣之势，尤其是近年来，乡村振兴、宅基地管理制度改革等利好政策的出台，为民宿产业发展培育了良好的土壤，使民宿成为共享经济的新亮点。实践证明，民宿对盘活闲置资产、促进传统农业转型、实现城乡统筹发展具有积极的作用。自 2015 年起，从中央政府到地方政府都制定了大量民宿发展的鼓励政策和扶持措施，民宿一时间成为众多投资者追捧的对象，城市周边、交通干线旁、旅游风景区附近形成了大量的民宿集聚区。民宿产品的功能也由最初的提供简单住宿发展到具有情感共鸣的度假和文化体验。民宿的经营模式更加多元化，从业人员更加年轻化。

全书共五章。第一章为中国民宿产业发展状况，主要介绍了中国民宿产业发展环境研究、中国民宿的基本情况、中国民宿的基本特征、中国民宿的发展趋势。第二章为现代民宿规范发展保障，主要介绍了民宿相关政策及其适用性、民宿的立法问题、民宿的产权难题。第三章为现代民宿品牌营销策略，主要介绍了现代民宿的品牌策略及问题对策，“互联网 +”时代的民宿场景营销策略。第四章为现代民宿安全管理及服务危机策略，主要介绍了民宿基础安全管理、民宿日常运营安全管理、民宿危机管理的程序、常见民宿危机及处理。第五章为现代民宿经营发展案例，主要介绍了现代民宿产业发展路径案例研究、现代民宿餐饮审美构建案例研究、现代民宿品牌价值提升案例研究。

在撰写本书的过程中，作者参考了大量的学术文献，得到了许多专家学者的帮助，在此表示真诚的感谢。本书内容系统全面，论述条理清晰、深入浅出，但由于作者水平有限，书中难免有疏漏之处，希望广大同行及时指正。

张海涛

2023 年 11 月

目　录

第一章　中国民宿产业发展状况

在互联网与新媒体时代，中国民宿积极拥抱数字技术，开始在营销获客和客群维护等方面积极尝试。在全国范围内，民宿作为乡村振兴的重要抓手，已成为包含地方土特产宣传与销售在内的提振地方经济的微型商业综合体。从2021年开始，中国民宿逐渐由狂热高速增长阶段转向内涵建设、品质提升的新阶段。本章主要介绍了中国民宿产业发展环境研究、中国民宿的基本情况、中国民宿的基本特征、中国民宿的发展趋势。

第一节　中国民宿产业发展环境研究

随着乡村振兴战略的持续推进，民宿产业得到各方的关注与支持，各地相继出台了促进乡村旅游的政策和民宿的地方标准，基于民宿的境内旅游，特别是乡村旅游已经成为拉动旅游业发展的新星。

一、2021年度中国经济宏观基本面

2021年，中国经济运行总体平稳。据国家统计局2022年1月17日发布的2021年宏观经济数据，“2021年国内生产总值（GDP）达114.4万亿元，比上年增长8.1%。分季度看，一至四季度GDP同比分别增长18.3%、7.9%、4.9%、4.0%。全年全国居民人均可支配收入35128元，比上年名义增长9.1%，扣除价格因素实际增长8.1%，两年平均增长5.1%，与经济增长基本同步”[①]。

从拉动经济增长的动力来看，消费增速总体处于复苏过程，发挥了稳定经济

---

① 国家统计局．国家统计局局长就2021年国民经济运行情况答记者问[EB/OL]．(2022-1-17)[2023-11-16]．https：//mp.weixin.qq.com/s?__biz=MjM5Njg5MjAwMg==&mid=2651422011&idx=1&sn=c35cbbc4e437f0c27720ed60df193b83&scene=0．

增长的基础性作用。2021年，最终消费支出对经济增长的贡献率为65.4%，拉动GDP增长5.3个百分点。分季度来看，一、二、三、四季度最终消费支出对经济增长的贡献率分别为50.7%、74.1%、77.5%、85.3%，呈现递增之势。以2019年各季度为基期，2021年一至四季度，最终消费支出对两年经济增长的贡献率分别为45.4%、35.3%、57.1%、70.0%，呈现波动上行的态势。受市场大环境影响，2021年各季度居民人均消费支出近两年平均增速的波动性较2020年明显加大。从居民消费支出构成来看，2021年居民消费支出中服务消费的占比逐季度下降，而实物消费的占比逐季度攀升。全国网上零售额比上年增长14.1%，近两年平均增长12.5%。其中，实物商品网上零售额增长12.0%，近两年平均增长13.4%，较全部社会消费品零售总额两年平均增速高出9.4个百分点。①

2021年，中国工业经济保持稳定复苏态势，服务业结构分化明显。一方面，对外贸易持续发展、高新技术产业持续向好以及全面小康目标的顺利实现，为中国宏观经济的持续复苏提供了坚实的动力和基础。另一方面，极端天气的出现、大宗商品价格的高企、宏观经济政策的快速常态化、房地产和碳减排等结构性调整政策的同步实施、金融风险的控制以及平台整顿等，使中国宏观经济下行压力自二季度开始加大，经济复苏进程有所放缓。

全国服务业增加值同比增长8.2%，两年平均增长5.0%，两项数据与全国GDP增速水平基本持平。分季度来看，一至四季度服务业增加值同比增速分别为15.6%、8.3%、5.4%和4.6%，近两年平均增速分别为9.4%、10.2%、9.8%、11.5%，波动程度较2017年—2019年平均水平明显放大。从行业情况看，2021年在服务业全行业增加值两年平均增长5.0%的情况下，住宿和餐饮业、租赁和商务服务业的行业增加值两年平均增速分别为−2.4%、0.8%，而信息传输、软件和信息技术服务业，金融业实现的增加值两年平均分别增长16.7%、5.3%。表明在市场大环境的影响之下，不同服务行业的结构分化较为明显。

2020年全国居民收入分配基尼系数为0.468，较2019年上升0.003，为2015年来的高点；2021年全国居民人均可支配收入与可支配收入中位数之比为1.172，高于2020年的1.169和2019年的1.159，表明居民收入分配差距在2021年的复苏过程中可能尚未明显改善，这可能会影响居民总体消费水平的提升。

① 《经济研究》智库经济形势分析课题组．2021年中国经济回顾与2022年经济展望［EB/OL］．(2022—02—07)［2024—03—14］．http：//ie.cass.cn/academics/economic_trends/202202/t20220207_5391493.html．

二、文旅融合下的文旅行业发展

2021年是我国文旅行业经历积极求变、韧性成长的一年，也是文旅融合从理念层面迈入实践层面的第三年。全年，我国文化产业恢复情况良好，文化产业的市场主体数量不断增加，展现出较强的韧性，总体营收平稳上升，文化产业新业态持续增长。在出境和入境旅游市场处于停滞状态的前提下，国内旅游市场整体呈现经济稳步复苏、收入同比小幅增长的态势。2021年夏季，我国北方多省份遭遇持续降雨等极端恶劣天气，导致当地旅游产业遭受严重损失。

到2021年末，国内游客量为32.46亿人次，同比上年增长12.8%，恢复至2019年同期的54.0%。国内旅游收入2.92万亿元，同比上年增长31.0%，但与2019年相比差距依旧很大。假日经济对国内旅游市场的带动作用显著，成为我国旅游经济的基本面。2021年我国7个主要节假日游客量占全年游客量的41.2%，假日旅游收入占全年旅游收入的31.6%。在旅游目的地的距离方面，中国铁路及民航旅客发送数据显示：国内旅游恢复在2021年呈现先扬后抑的态势。与远距离旅游目的地不同，根据马蜂窝数据，2021年“周边游”热度暴涨，搜索热度较上年增长150%。携程网数据显示，春节期间本地酒店订单量占比约为60%，“五一”期间“省内游”订单量占比达到52%。近郊旅游、乡村度假、自驾出行成为市场主流[①]。

2021年，在线旅游全年交易额达到1.47万亿元，占总收入的近一半。游客、旅游产品供应商及在线旅游平台正在探索开展旅游活动的最佳路径。随着近年来安全、卫生知识的普及，人们对个人防护的安全意识逐渐提高，游客更看重景区的安全与卫生状况，同时对应急措施、旅游保险、退费政策等方面的重视比例也明显上升。据多家平台用户信息，2021年12月在线旅游月新增用户1372万户，同比下降2.2%。“95后”成为在线旅游用户主力军，预订占比28.7%，用户年龄结构及消费偏好分层化加剧，正在给旅游产品及服务带来深刻的变革。在移动互联网及新媒体传播日趋成熟的背景下，游客对优质内容的需求越发显著。“内容＋旅游”的生态闭环在许多景区已经形成。内容正在重塑游客与旅游互动的新方式，以优质的内容吸引游客已经成为旅游业流量获取及转化的重要方式。

① 新浪财经.《2021中国旅居度假白皮书》出炉：新中产诠释“品质住宿为王”[EB/OL].（2022-1-9）[2023-11-16]. https：//cj.sina.com.cn/articles/view/2131593523/7f0d89330200145ar.

在线旅游平台用户的跨平台流动更加频繁，在线旅游用户迁移重构正在发生，这也意味着在线旅游市场的竞争日益激烈。

三、乡村振兴战略下的乡村旅游

在国内旅游行业大规模解构与重构的过程中，乡村旅游和红色旅游等产品的市场活力得到重视与激活。随着乡村振兴战略的推进，乡村旅游市场规模持续扩大。2021 年 8 月，文化和旅游部（简称文旅部）、国家发展改革委发布《关于公布第三批全国乡村旅游重点村和第一批全国乡村旅游重点镇（乡）名单的通知》，除去此前已有的 1000 个村入选第一批和第二批全国乡村旅游重点村，新增了 199 个村入选第三批全国乡村旅游重点村，100 个镇（乡）入选第一批全国乡村旅游重点镇（乡）。2022 年 2 月 11 日，国务院印发的《“十四五”推进农业农村现代化规划》中指出在发展乡村产业新业态中要强调和重视优化乡村旅游业的重要作用。依托田园风光、绿水青山、村落建筑、乡土文化、民俗风情等资源优势，建设一批休闲农业重点县、休闲农业精品园区和乡村旅游重点村镇。推动农业与旅游、教育、康养等产业的融合，发展田园养生、研学科普、农耕体验、休闲垂钓、民宿康养等休闲农业新业态。

2022 年 2 月 22 日，《中共中央国务院关于做好 2022 年全面推进乡村振兴重点工作的意见》即 2022 年中央一号文件发布。文件指出：鼓励各地拓展农业多种功能、挖掘乡村多元价值，重点发展农产品加工、乡村休闲旅游、农村电商等产业；实施乡村休闲旅游提升计划；支持农民直接经营或参与经营的乡村民宿、农家乐特色村（点）发展；将符合要求的乡村休闲旅游项目纳入科普基地和中小学学农劳动实践基地范围。

中央及地方面向乡村振兴和乡村旅游进行的政策颁布与引导，虽然吸引了旅游产业链上众多企业对乡村旅游产业的关注和进驻，但乡村旅游从业人员的供给欠缺和职业素质有待提升、经营创新与资源保护开发不足等问题已经逐渐显现，成为乡村旅游发展道路上重要的挑战。

第二节　中国民宿的基本情况

本节主要以 2021 年的相关数据，介绍中国民宿的基本情况。中国民宿呈现如下六个清晰的发展特征。

一、乡村民宿是中国民宿的主力组成

伴随着我国乡村振兴战略的持续落地，乡村旅游成为发展乡村地区经济的重要推动力，得到越来越多的民众认同和接受。乡村民宿正是在乡村振兴战略和国内旅游市场快速复苏的双重宏观因素影响下迎来了建设热潮。2021 年，我国乡村民宿约占全国民宿总量的 87.98%（图 1—2—1），其中“其他”为远离城镇的边远地区，包括山林、湖泊和海岛，这部分亦属于乡村地区。乡村民宿约为城镇民宿的 7.3 倍。2021 年城镇民宿总数较 2020 年同期明显下降，与乡村民宿受到各级地方政府重视形成鲜明对比，一方面，城镇民宿受地产和酒店等多方面因素的影响其发展动力相对匮乏。另一方面，多地将城镇民宿对标酒店业，要求其必须同时具备公安和消防等多部门的前置审批，这给城镇民宿取得合法身份增加了难度。

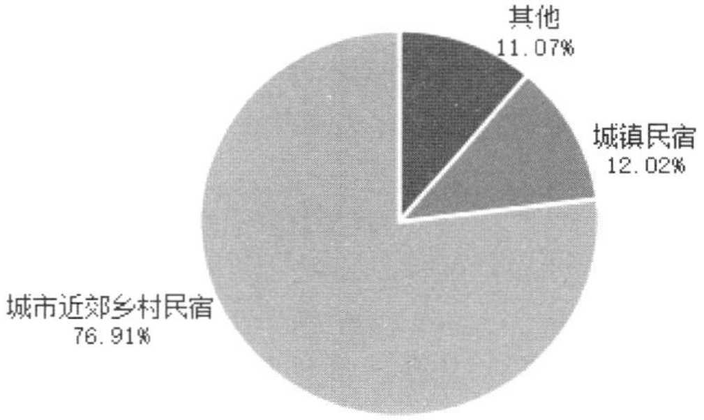

图 1—2—1　乡村民宿与城镇民宿的占比分布

对比历史数据，我们发现乡村民宿在 2017 年以后迎来了发展的高速期。2018 年后新建并开张经营的民宿数量远超 2017 年及以前建成的在营民宿的总和。2020 年伴随美丽乡村建设，地方政府出台大量优惠政策吸引旅游产业链上的企业与民间投资者在当地进行旧村改造和民宿经营，全国多地掀起了民宿建设与经营的热潮，为迎接乡村旅游的爆发做好准备。然而受 2021 年夏季极端天气等因素影响，国内旅游市场出现先扬后抑的态势，各地民宿经营空窗期显著延长，民宿在新建与经营方面也放缓了脚步，新增量占比不及 2018 年一半的水平。伴随近年来大量民宿建成和开张经营，营销获客和日常运营能力薄弱，已然成为民宿高效经营的现实挑战。

二、生态资源依托型民宿占绝大多数

从民宿自身优势和特色建设的统计上不难看出，我国民宿发展依旧以毗邻风景名胜为主，占比达到 84.21%[①]。（图 1—2—2）历史及文化要素在民宿特色打造方面的挖掘和利用还有很大的提升空间。在国家大力倡导和发展文化自信的新时代，推动越来越多的民宿肩负起传统文化和地方风情民俗的传承将成为民宿特色建设的重要方向。

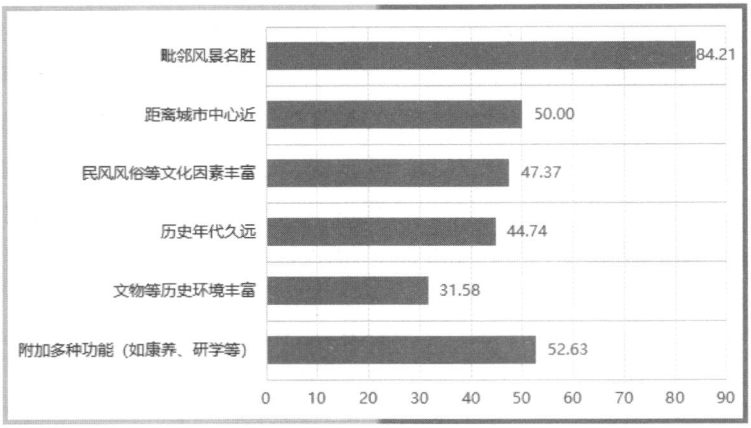

图 1—2—2　民宿经营特点统计

注：图中的数字表示百分数。

随着乡村地区生态环境的持续改善和优化，民宿经营已经不仅限于城市周边的近郊，这得益于我国道路交通基础设施的建设和优化，高速公路和高铁直接缩短了到达旅游目的地的时间。越来越多生态环境优异的地区有机会成为旅游目的地，国内游客对山水自然环境景观的向往和热爱也得到更好的满足。

有部分乡村民宿在经营过程中已经开始尝试通过开展与康养或亲子研学有关的体验活动来提升游客的价值体验与感知。劳动教育、红色教育、非物质文化遗产（简称非遗）传承制作等活动已逐渐成为乡村民宿（特别是城市近郊乡村民宿）特色和体验产品研发的热点，为游客提供更多的特色产品与服务成为民宿建设的重要方向。

三、民宿成为农产品及土特产销售渠道

除住宿服务之外，近八成的民宿会为游客提供餐饮服务，提供特色农家饭是民宿经营中的重要经济收入来源（图 1—2—3）。

① 过聚荣．中国民宿发展报告：2020～2021［M］．北京：社会科学文献出版社，2021．

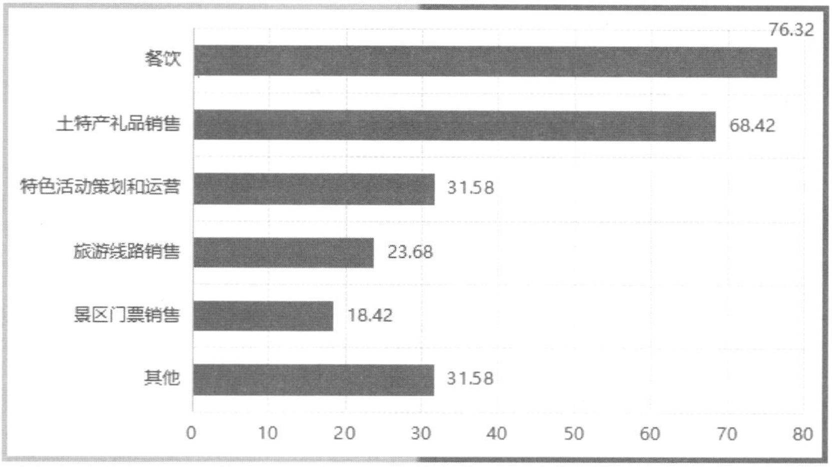

图 1—2—3　民宿在住宿服务之外的营收项目

注：图中的数字表示百分数。

值得关注的是，土特产礼品销售在 2021 年的调研中已经成为仅次于住宿和餐饮的第三大营收项目。借助住店游客的口碑营销以及互联网新媒体的火爆传播，民宿已经成为推广和销售地方土特产的重要渠道，伴手礼成为众多民宿乐于经营的项目。与上年同期对比，土特产礼品销售的占比提升 13.1 个百分点。土特产品和农产品的在线销售日益成为平衡乡村民宿淡旺季收入差异的一项有益举措。超三成民宿开始或正在提供特色活动策划和运营，相较于上年同期，增长了 13.3 个百分点。旅游线路销售相较上年同期增长了 12 个百分点[①]。很多民宿主人正在探索从传统的果蔬采摘、餐食制作和旅行陪同等相对简单易行的食宿与旅游体验活动朝乡村景点设计开发与乡村旅游线路规划建议等更具创意和深度的特色旅游方向拓展延伸。

四、民宿在旅游产品和特色活动方面的开发滞后

在民宿提供的特色体验活动方面（图 1—2—4），民俗文化体验与地方美食制作高居榜首，农事活动体验紧随其后。虽然半数左右的民宿主人认定这三项是自己正在提供的特色体验活动，但是不足六成的占比还是体现出国内民宿尚没有关注或没有能力提供更加丰富的特色活动。

① 过聚荣．中国民宿发展报告：2020～2021［M］．北京：社会科学文献出版社，2021．

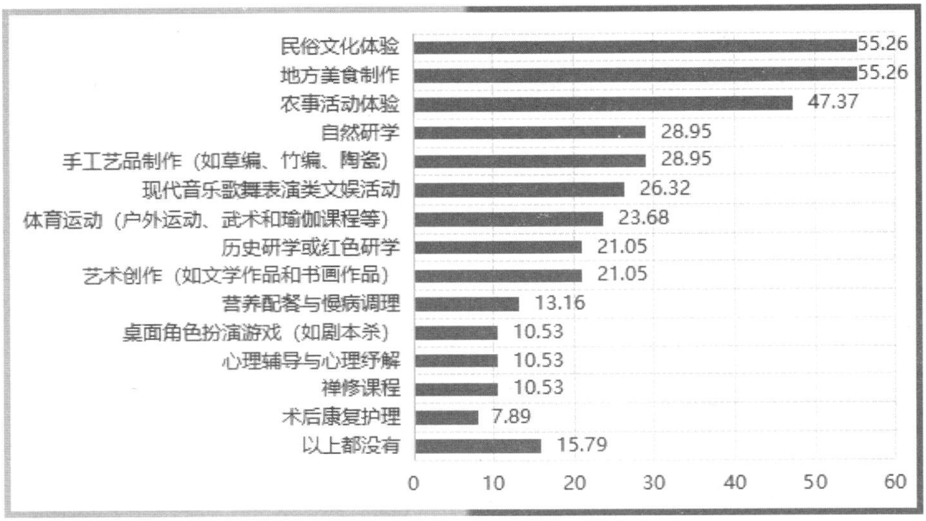

图 1—2—4 民宿提供的特色体验活动

注：图中的数字表示百分数。

在对特色体验活动的调研中，处于第二梯队的是自然研学、手工艺品制作、现代音乐歌舞表演类文娱活动、体育运动、历史研学或红色研学和艺术创作这 6 类，只有 20%～30% 的民宿进行提供；而营养配餐与慢病调理、桌面角色扮演游戏、心理辅导与心理纾解、禅修课程及术后康复护理等这类对于专业性要求更高、产品研发投入更大的体验类产品，显然只有少数的民宿会提供。一般而言，专业性要求越高的活动越能成为赋予民宿独特魅力和竞争力的关键。但对专业性的高要求也让民宿主人望而却步，这也折射出国内民宿普遍尚未有效挖掘和启动地方的产业资源和文化资源优势，缺乏在特色经营方面的人才与能力。

五、民宿经营以自营为主，品牌加盟初露头角

在民宿的房产所有属性方面，当前以利用个人自有或自建住房为主，占全部民宿体量的 3/5（图 1—2—5）。即便是村集体所有的共有房产，也是通过个体承包的方式进行经营，这与国内民宿以乡村民宿占绝大多数不无关系。在文化资源相对丰富的地区，在地方政府招商引资的带动下，部分旅游公司已经切入乡村民宿市场。对空心村进行改造以及对历史保护建筑进行活化以实现民宿建筑空间的加大，进而以民宿经营支持和反哺文化遗产保护成为文旅融合发展的重要实践。

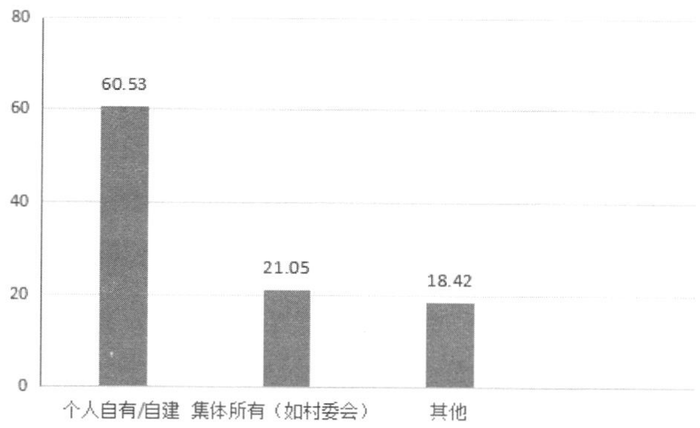

图 1—2—5　民宿的房产所有属性

注：图中的数字表示百分数。

专业民宿运营服务商借助品牌经营和市场管理方面的专业优势，也正在从城镇民宿走向乡村民宿，并得到了越来越多乡村民宿主人的认可。在民宿主人自主经营的实践过程中，他们普遍发现获取新用户是日常经营过程中的难点。民宿经营过程中出现的淡旺季现象，在北方地区民宿中表现得尤为突出。

民宿经营主体以自营为主。少数自身资源相对较好的民宿开始主动尝试与专业民宿运营服务商进行合作分工，专注于品牌方提出的统一的运营标准的执行，统计数据显示，这部分的占比还不高（图 1—2—6）。2021 年由南至北刚刚崭露头角，但意愿方面占到总数的一半，与上年同期相比增长了 6 个百分点①。

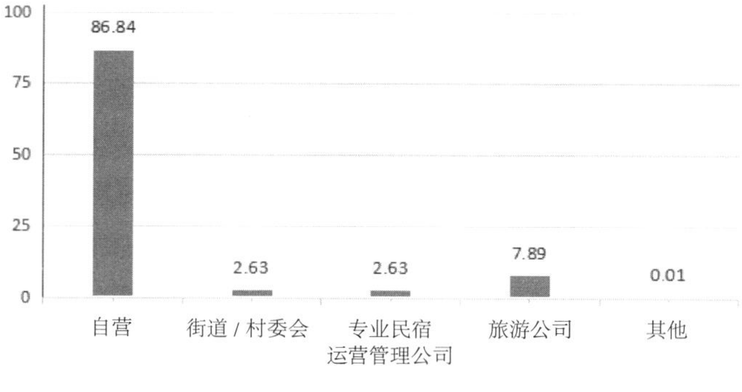

图 1—2—6　民宿经营主体分布

注：图中的数字表示百分数。

① 过聚荣．中国民宿发展报告：2020～2021 [M]．北京：社会科学文献出版社，2021．

六、地方政府大力推动民宿经营人才培养

促进本地村民或居民增收致富是民宿经营的一项关键价值特征。在国内民宿经营者中，中青年人占比较高，超过七成，与上年同期相比中青年经营者占比提升 9.84 个百分点（图 1–2–7）[①]。这反映出乡村振兴战略对于留住青年人就地创业和吸引农民工返乡就业正在发挥积极作用，越来越多的中青年人意识到乡村旅游及乡村民宿经营的价值。中青年人加入乡村民宿经营与乡村旅游产业发展在某种程度上对于提升乡村民宿在环境营造、特色产品研发、日常运营服务等方面的能力产生了积极影响。

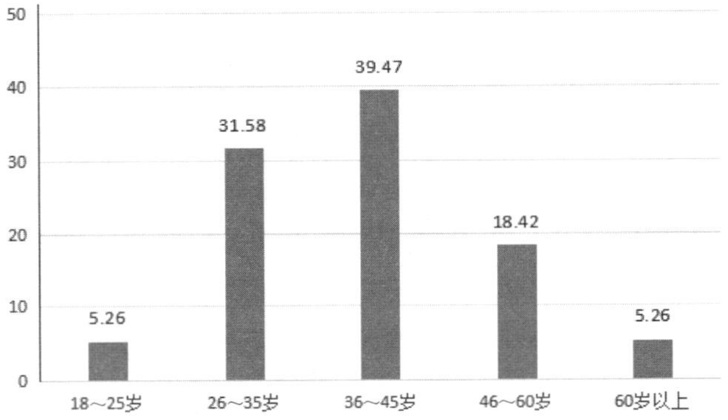

图 1–2–7　民宿经营者年龄分布

注：图中的数字表示百分数。

在与地方政府和民宿协会沟通中发现，随着互联网及新媒体技术的普及，越来越多的民宿经营者渴望通过线上主流新媒体对自家民宿进行推广宣传并实现获客和收入增长。把新媒体作为销售渠道的方式正在逐渐成为乡村民宿发展的重要途径。除与传统的民宿住宿与餐饮服务相关知识外，文案写作与新媒体运营成为国内乡村民宿经营者能力提升方面的普遍需求。

在民宿经营者性别分布上女性经营者占比高于男性经营者，基本符合旅游业性别比例分布特征（图 1–2–8）。与上年同期相比，女性经营者比例增长 9.27 个百分点，这折射出民宿在乡村经济发展中为女性创业就业提供了更加广大的空间，且民宿经营正在朝着常态化方向发展。2021 年民宿经营在年人均用工成本上较上年同期有显著提升，特别是年收入达 7 万元以上的从业人员占比相较上年同期提

① 过聚荣．中国民宿发展报告：2020～2021［M］．北京：社会科学文献出版社，2021．

升 10.77 个百分点[①]。用工成本的上涨标志着民宿人才市场呈现供不应求的态势。因此，地方政府在大力推动民宿规划和建设的同时，需要关注到民宿相关从业人员的能力提升，为深化民宿发展提供丰富、优质的培训课程与职业技能认证，推动民宿经营相关职业化人才队伍的建设。

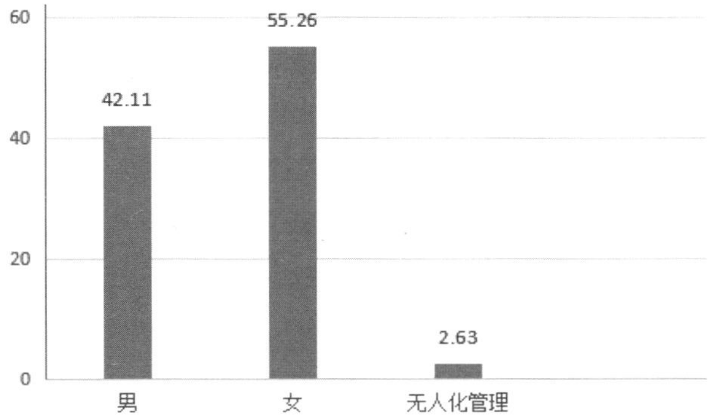

图 1—2—8　民宿经营者性别分布

注：图中的数字表示百分数。

第三节　中国民宿的基本特征

“十四五”规划纲要明确提出要“加快推进数字乡村建设”，乡村振兴是建立在中国乡村数字化基础之上的。2021 年 6 月 11 日，《商务部等 17 部门关于加强县域商业体系建设促进农村消费的意见》中提出了健全农村流通网络、加强市场主体培育、丰富农村消费市场、增强农产品上行能力、完善农产品市场网络、加强农业生产资料市场建设等 9 项具体举措以加强县域商业体系建设。2022 年 1 月，中央网信办等 10 部门印发《数字乡村发展行动计划（2022—2025 年）》，部署了数字基础设施升级行动、智慧农业创新发展行动、新业态新模式发展行动、数字治理能力提升行动、乡村网络文化振兴行动等 8 个方面的重点行动。随着乡村数字基础建设的不断完善，数字技术在我国乡村地区的影响力和覆盖范围也在逐渐扩大，数字乡村的推进为乡村民宿的发展提供了更多可能。广大民宿主人正在学习利用短视频等新媒体技术进行民宿和地方乡村旅游的推广销售，通过在线

① 过聚荣．中国民宿发展报告：2020～2021 [M]．北京：社会科学文献出版社，2021．

旅行社（OTA）平台进行客房、餐饮、活动的在线预订和销售，通过客房管理系统提高民宿的运营管理效率。数字技术正在为成千上万家民宿提供更加高效的信息化解决方案，逐渐成为中国民宿的重要特征。

一、在与地方特色产业深度融合方面探寻机会

中国民宿正在从提供住宿服务的单一设施转变为更具附加价值、能持续推动地方文化产业与旅游产业深度融合的新载体。在乡村振兴的号角吹响之后，民宿与地方特色产业的融合更是吸引了投资者和学术界的关注。民宿凭借自身优势，为游客提供了全景、沉浸式的体验而成为游客感知地方特色产业的重要平台。地方特色产业通常是指以村镇为地缘单位、具有比较优势的产业，是有市场影响力与竞争力的产业，且往往是政府根据本地优势要素禀赋而选择发展的适宜产业。特色就是独有的，就是区别于其他、具有独一无二之魅力的，是吸引游客、发展特色旅游业的重要因素。对于我国广大乡村地区而言，特色产业对农村和农业都有着积极的促进作用，因此应将传统农村发展为特色小镇、将农业生产导向具有地理品牌优势的地标农产品生产。

特色小镇是“产”“地”“人”“文”融合发展的创新成果。特色产业是特色小镇的建设核心。有别于行政区划单元和产业园区，特色小镇是具有明确产业定位、文化内涵、旅游和社区功能的发展空间。部分国外特色小镇依托当地特色产业基础，转型升级成为产业旅游小镇。而在我国，特色小镇已经被当作地方经济转型的突破口，并早从2016年起就在全国范围内进行了全面推广。中华人民共和国住房和城乡建设部公布的第一批127个特色小镇中50.4%为旅游发展型，18.1%为历史文化型[①]；第二批276个特色小镇则更加突出“高端产业”的属性，更聚焦特色和新兴产业，工业发展型和农业服务型特色小镇占比较第一批明显提升[②]。与传统意义上的旅游景区相比，特色小镇通常挖掘当地人文历史价值以支撑现代旅游服务。在我国大多数乡村地区的产业结构中，农业占比远超制造业和服务业，但要打造知名的特色小镇则离不开企业化的管理。因此，在凝聚并服务好

① 首批127个国家级特色小镇大数据分析（1）：旅游发展型小镇占比过半［EB/OL］.（2016-12-27）［2023-11-16］. http：//www.360doc.com/content/16/1227/ 16/36776596_618179817.shtml.

② 搜狐网. 住建部正式公布第二批276个全国特色小镇［EB/OL］.（2017-8-30）［2023-11-16］. https：//www.sohu.com/a/168284341_247689.

本地村民或居民的同时，需要吸引特色产业人才流入，企业化、集中化、规范化的管理模式以及基于特色产业打造主题乐园和旅游休闲产业链将有利于地方特色产业发展。这对于相对松散的民宿经营而言，既是挑战也是机遇，一方面有利于促进地方旅游产业升级，激发民宿间积极探索合作共创共赢；另一方面在特色旅游方面提供更好的保障。

地标农产品是“地理标志农业产品”的简称，是农业生产转向高质量发展的标志。高质量发展现代农业是实施乡村振兴的关键环节。随着电子商务和新媒体的发展，各地高度重视发掘和打造地方的地标农产品品牌。地标农产品的注册申请符合地方农业旅游、乡村旅游的发展需要，有利于将地方生态信息及文化优势信息传递给消费者。借助地标农产品的宣传和销售，能够推动地方旅游经济的发展。民宿在担负起地方土特产销售渠道这一职责的同时也成为地标农产品的推广大使和受益者。地标农产品为民宿经营提供了独特的地方餐饮特色，成为民宿广受欢迎的原因之一。越来越多的村镇已经意识到地标农产品与乡村民宿之间的相关性，地标农产品的生产与加工也已成为地方民宿的特色旅游服务内容。

二、民宿特色建设已不再局限于建筑环境设计

民宿建设对于改善乡村环境发挥了积极作用，特别是在“美丽乡村”建设时期。在各省区市美丽乡村行动计划下，民宿的设计与改造、民宿周边环境保护与综合利用等方面都得到了长期的关注和重视。民宿建筑在传承和展现地方文化特色方面也确实做出了许多积极的尝试，或古朴或时尚的民宿建筑成为点缀在中国乡村风景画卷中的亮点景观。2021 年 4—10 月，农业农村部农村经济研究中心举办了第一届印迹乡村创意设计大赛，引导广大设计人员参与乡村建设，在深入挖掘优秀传统文化价值的同时促进宜居宜业的乡村建设行动。在此次全国性大赛中，食品设计与包装、乡村元素生活用品设计与包装等乡村文创产品角逐激烈，将人们的视线牵引到乡村旅游全方位的衣食住行美学体验中。

2021 年，越来越多的民宿主人开始反思旅游市场的游客需求。除“颜值”外，自家民宿还有什么可以为游客带来独特体验、持续吸引游客并提升复购率？民宿提供的相关产品与服务成为民宿特色建设的新热点：建筑与装修可以吸引游客进行拍照，优质的产品和服务能留住游客，从而提升游客的复购率。民宿从最初复制酒店或其他民宿建筑与装修风格走向了对自身产品与服务精雕细琢的发展过

程，由最初只关注外在“颜值”发展到关注内在质量。安全和质量成为2021年国内民宿升级的核心关键词，高品质的布草与低值易耗品、绿色健康又富有地方饮食特色的餐食、热情周到无微不至的管家都让民宿不再背负“廉价”和“低档”的标签。小而精、小而特、小而美成为中国民宿全新的标签。服务精细化、产品特色化、环境艺术化成为民宿经营特色打造的三大方向。

三、民宿评价成为地方政府指导民宿发展的重要工具

各级地方政府已经意识到民宿是改善和提振乡村地区社会与经济发展的有效途径，是推动人民群众和社会投资者参与乡村振兴的优质载体。为此各级政府部门自2017年起不断加强对民宿经营的指导和管理。2021年，各地先后发布实施了民宿相关规范与评价标准文件。（表1—3—1）

表1—3—1　2021年全国各地出台的民宿相关规范与标准文件

名称	发布部门	实施日期
《乡村民宿服务礼仪规范》	日照市礼仪协会	2021年3月17日
《旅游服务质量评价规范 第2部分：民宿》	广东省旅游协会	2021年3月26日
《海岛民宿服务规范》	珠海市市场监督管理局	2021年4月1日
《海洋渔文化主题民宿基本要求》	象山县民宿经济促进会	2021年4月15日
《温泉民宿等级划分与评定》	遂昌县旅游协会	2021年5月12日
《太行人家康养村落建设服务与管理》	晋城市市场监督管理局	2021年5月18日
《智慧乡村民宿等级划分与评定》	中国生产力促进中心协会	2021年7月28日
《海岛民宿聚落基本要求与评价》	舟山市市场监督管理局	2021年8月1日
《美丽乡村 特色民宿设施与服务规范》	池州市市场监督管理局	2021年8月6日
《生态民宿管理与服务规范》	鄂州市市场监督管理局	2021年11月1日
《民宿服务消费纠纷多元化解工作指南》	安徽省质量品牌促进会	2021年11月4日
《侨家乐民宿等级划分与评定》	温州市旅游联合会	2021年12月1日

大量管理规范和标准的发布，显示出地方政府对提升民宿质量和维护市场秩序的决心。地方规范和标准的提出确实有利于约束和维护好当地民宿市场，通过地方政府背书的形式提升地方民宿的品牌价值和游客信任度。各地在轰轰烈烈发布规范和标准的同时，还需要关注地方标准和团体标准的可实施性以及与省级标准和国家标准的衔接。除此之外，各地在民宿评价方面的主体单位也存在一定差

异。当前国内与民宿相关的规范和标准的评价主体以政府和专业团体为主，尚未将游客的感知体验和监督反馈纳入评价体系中。地方政府或协会先进行评价，容易受到地方经济发展与旅游产业宣传的约束，使得出台的规范和标准执行不力。地方规范和标准是市场有序发展的前提，也是引导游客与市场进行监督的重要工具。随着互联网技术在旅游产业的深入发展，线上民宿经营信用体系呼之欲出。

四、绿色低碳环境友好成为民宿经营创新焦点

全球气候变化和资源的日益匮乏正在影响着人类的可持续发展。2021 年被称为中国的“双碳”元年。2021 年 3 月 26 日，生态环境部办公厅印发《企业温室气体排放报告核查指南（试行）》，以进一步规范全国碳排放权交易市场企业温室气体排放报告核查活动；2021 年 4 月 30 日，中共中央政治局第二十九次集体学习时，习近平总书记指出，实现碳达峰，碳中和是我国向世界作出的庄严承诺；同年，7 月 16 日，全国碳排放权交易市场正式启动；10 月 24 日，中共中央、国务院发布《关于完整准确全面贯彻新发展理念做好碳达峰碳中和工作的意见》，标志着我国“双碳”目标顶层设计出台；10 月 26 日，国务院印发《2030 年前碳达峰行动方案》。

民宿在经营模式方面很大程度与酒店相类似，在满足游客对舒适、奢华和享受等需求的同时，不得不通过消耗大量的能源和资源来维系，整体能耗及二氧化碳排放量较高，这可能会对乡村生态环境和乡村旅游的可持续发展带来严重的破坏。国内民宿在追求提供更舒适的住宿体验的同时，其能耗远超普通民用建筑能耗水平。越是高端奢华的民宿，其能耗需求越高。可喜的是，在“双碳”元年政府对低碳节能环保的宣传下，部分民宿主人已经关注到自身民宿的能耗和排污问题，他们积极采取建筑本体节能改造、光伏风能等可再生能源利用、废水回收利用等节能减排技术，使自己的民宿朝“节能、节水、节材、节地、环保”的绿色民宿方向发展。虽然绿色民宿还有很漫长的路要走，但是绿色低碳和环境友好已经成为中国民宿发展道路上的重要指引。

第四节 中国民宿的发展趋势

一、民宿运营专业人才培养成为职业教育新热点

2021 年，我国民宿行业在经历了近几年高速投资建设后开始转向内在品质打造的阶段，无论是民宿主人还是地方政府都注意到了高品质的民宿服务离不开出色的民宿经营与运营服务人才队伍。民宿是支持地方文化与旅游产业融合、促进地方特色产业宣传和发展的新兴综合体，经营和运营服务需要从业人员具备更加综合的知识储备与能力。民宿经营者与运营服务人才需要具备较强的语言沟通技巧、游客服务意识和优秀的经营智慧，此外还需兼具较高的文化素养（如懂农业、养生、传统文化）和拥有当地特色产业相关背景知识。无论是单一旅游管理专业还是单一酒店服务专业都不能很好地满足民宿行业发展需要。

民宿职业培训的市场需求。民宿管家自 2022 年起就成为国家认可的职业岗位，这对于民宿经营发展具有积极的促进作用。基于民宿经营实际对民宿管家胜任能力进行分析，构建民宿管家胜任模型，并在此基础上开发出符合中国民宿实际需要的职业培训与认证体系是一个极大的挑战。由于民宿自身体量较小，其用工方面不可能像酒店或企业那样有过多的职位和特别严格的岗位矩阵，民宿管家所从事的工作通常而言是更加复杂的。与宾馆、酒店不同的是，民宿需要积极创造与游客的沟通机会以传递民宿主人、民宿管家的热情、温情和真情，这种人际沟通能力的提升并非通过短期培训可以实现，而要在实际岗位上通过与形形色色的游客交往的历练而逐渐形成。

民宿管家职业培训需要职业院校以外的更多社会力量的共同参与，各地民宿协会或将在民宿管家职业培训方面担负起更大的责任。

二、数字化赋能推动中国民宿发展进入新的阶段

立足数字中国建设和农业农村现代化的战略要求，在国家系列政策推动和社会投资者的积极参与下，数字乡村建设呈现良好的开局态势，中国民宿正在尝试全面拥抱数字化且探索的步伐不断加快。越来越多的民宿主人开始关注并使用新媒体进行自家民宿和地方文化旅游的宣传（数字化营销），借助 OTA 平台和线上预订渠道进行客房销售（数字化销售），通过微信交流提高以往客人的复购率和

加大口碑宣传（数字化客服）。由于民宿的体量相对较小、运营维护的复杂度较低，绝大多数民宿并没有在服务方面采用数字化，包括在线选房、在线点餐等智慧客房服务。但数字化很好地为民宿运营增加了信息服务，提升了游客黏性并延长了对游客的服务周期，对于提升民宿客均收益起到了极大的促进作用。

我国乡村数字基础设施经过近些年的投资建设，整体水平相对提高。尽管部分县域数字乡村发展较快，但全国仍有约 2/3 的县域地区处于数字乡村发展的中等及以下水平，“东部较高、中部次之、西部和东北较低”的格局明显。在民宿数字化方面，东部地区民宿同样要比中西部地区民宿接纳得更早、应用水平更高。目前，在乡村旅游品牌建设过程中，国内多地已启动以县域为单位，由地方政府牵头进行民宿运营管理系统的集体定制开发，这成为数字乡村建设的具体行动之一。一方面有利于打造县域乡村旅游品牌，另一方面能解决民宿运营管理系统开发或租赁成本高、单个乡村民宿因体量小而无能力支付且应用意愿低的问题。可以预期的是，2022 年（含）以后，乡村民宿有望超越乡村地区的其他经营业态，在数字化应用方面率先取得更大的进步。

三、地方政府在民宿经营发展上加强规划和指导

民宿从最初为游客提供便利食宿的经营模式，正在演变为地方经济发展的会客厅、宣传站、新空间，其经营模式也变得更加丰富和新颖。民宿是地方旅游业发展的重要组成部分，地方民宿的市场秩序对于保护游客利益、展现地方民风、营造优质体验至关重要。各地政府在地方旅游规划和特色小镇建设规划中已经普遍将民宿建设与经营纳入整体旅游规划中。

各地方政府出台的民宿管理规范与标准正从建筑与设备安全、服务规范、投诉处理、民宿聚落建设等不同的维度对民宿市场加强引导。地方政府亦将持续加大对民宿行业的扶持，通过邀请第三方提供培训的方式加强对地方民宿主人及民宿管家的赋能，为当地民宿主人共同参与地方旅游市场规则制定提供机会，听取地方民宿行业发展的困难、挑战和需求，发挥民宿协会的力量，有效控制和弱化地区内的“千宿一面”的恶性竞争，形成各有特色、合作共赢的地方旅游业态。

各地民宿协会将与地方政府保持更为密切的合作关系。各省区市以县域为单位的民宿协会有望在政府的指导下在数量上取得新的突破，在全国范围内，省级、地市级、县级民宿协会将形成立体网络，促进地方民宿业更加健康全面地发展。

四、民宿产业配套服务保障型企业迎来发展机遇

民宿业虽然受到市场大环境的影响，但是其整体上依旧保持着旺盛的增长趋势。政府为响应市场需要而出台的一系列规范和标准，为民宿建设与运营提供了配套服务保障。为了让民宿在新建或改建改造中能够更具美感、更具竞争力，越来越多的民宿主人或民宿投资者倾向于邀请专业的建筑设计单位进行专业设计。看到民宿建设市场的火爆，国内各建筑设计研究院和建筑师事务所也纷纷组建民宿建筑设计项目团队来进行民宿设计规划。

民宿布草的更换和清洗是直接影响游客入住体验的关键因素。民宿主人自己进行清洗往往无法达到地方标准的要求，所以面向同一村镇的民宿提供统一的布草清洗服务，将有利于发挥集中化、专业化、精益化的优势，提升布草清洗质量的同时大大降低清洗的成本以及对环境的污染。

帮助民宿经营者代采并提供高质量的设备、低值易耗品、土特产与伴手礼等的企业，在消除民宿经营中采买困扰的同时，在电子商务技术的加持下将大有作为。具体表现为发现同一区域范围内民宿经营的共同需求，保障民宿经营者将有限的精力投入特色产品与特色服务的创造与提供上，更易于推动民宿的繁荣。当然，这需要越来越多的民宿产业链上的配套服务保障型企业共同努力，创新商业模式，在国家拉动消费内循环、推动乡村振兴的时代背景下发挥作用。

第二章　现代民宿规范发展保障

在当今社会，旅游业已成为我国经济发展的重要支柱产业之一。随着国民经济的持续增长和人们生活水平的不断提高，旅游业的需求日益旺盛，尤其是在节假日和旅游旺季，民宿成为众多游客出行的首选住宿方式。因此，规范民宿发展显得尤为重要。本章主要介绍了民宿相关政策及其适用性、民宿的立法问题、民宿的产权难题。

第一节　民宿相关政策及其适用性

一、民宿相关政策

2015 年后，民宿作为一个新闻热点，在我们的生活中逐渐扮演重要角色、占据重要位置。究其原因，与 2015 年之后国家密集颁布相关政策法令，对民宿发展进行推动与规范有关。故此，回顾 2015 年之后国家出台的民宿相关政策很有必要。

2015 年，国务院发布《国务院办公厅关于加快发展生活性服务业促进消费结构升级的指导意见》首次出现了“客栈民宿”，把客栈民宿、短租与长租公寓等界定为生活服务领域的一种市场细分业态。随着人们的生活消费升级，发展型消费替代生存型消费，现代型消费替代传统型消费，服务型消费替代物质型消费，生活消费的这种转型升级反过来要求服务业转型升级并与之适应。而在生活消费的服务领域，有些业态能够起到带动作用，特别是住宿服务和餐饮服务两方面，需求潜力巨大，可以带动其他领域发展。

2016 年，国家旅游局等多个部门牵头制定并颁布《关于促进绿色消费的指导意见》，把民宿出租作为共享经济的重要组成部分。文件指出，发展共享经济可以推动社会的闲置资源有效使用，这种充分利用资源，不破坏环境平衡的方式，也是绿色消费的一种。故此，共享经济也可以被看作绿色消费的一种主要形态，它对进行供给侧结构性改革，促进消费升级都有重要作用。

2016 年被称之为中国“大乡村旅游时代”的元年，这是中国社会科学院舆情实验室发布的 2016 年《中国乡村旅游发展指数报告》里提出的，这一年我国乡村旅游人数近 13.6 亿人次，占据旅游总人数的半壁江山。该报告认为，从 20 世纪 80 年代中期到 2016 年，我国乡村旅游经历了初创期、发展期、扩张期和升级期四个时期。乡村旅游从旅游业的补充变成一种新的休闲、休假方式，体现了人们生活方式的巨大进步。它不仅挖掘了庞大的市场需求，吸引了大量投资，也展示了我国旅游业的新面貌与农村经济的新景象。2016 年之所以成为乡村旅游发展进程中具有里程碑意义的一年，是因为大众旅游时代发展阶段正由观光旅游方式走向休闲度假出游方式。乡村旅游作为休闲度假旅游的一种，日益受到人们的青睐。在这样的背景下，2016 年公布的《中共中央国务院关于落实发展新理念加快农业现代化实现全面小康目标的若干意见》聚焦农业现代化问题，明确指出要大力发展休闲农业和乡村旅游。因此，无论是休闲农庄、乡村酒店，还是民宿客栈、自驾营地，以及户外运动场所与旅游的结合都呈现新的发展态势。

民宿在这样的政策推动下得到了迅速发展。去哪儿网统计了 2015 年 10 月到 2016 年 9 月底民宿客栈的登记数量情况，发现在这不足一年的时间里，民宿登记数量增加了 5000 多家。迈点网的统计表明，截至 2015 年年底，民宿的市场规模达到了 200 亿元，从业人员数量也达到了 100 万人。

2016 年也是旅游市场监管升级的关键一年。当时国家旅游局在全国推行新的市场监管模式，将旅游警察、旅游巡回法庭、工商旅游分局三种监管机构作为管理体制创新的重要内容。各地落实旅游市场监管责任，建立旅游市场综合监管协调机制，旅游行政主管部门牵头成立领导小组，提高投诉受理工作效率，加大旅游市场执法力度，解决一些重大和疑难问题，以及解决长期困扰旅游业的消费者权益难以保障，市场竞争秩序难以良性维持的问题。例如，2012 年有人在人民网的领导留言板小程序中转发了一条广泛传播的微博：“朋友一家三口前天在三亚吃海鲜，三个普通的菜就将近四千元。他说是出租车司机推荐的。邻座的人指着池里一条大鱼刚问价，店家手脚麻利地将鱼捞出摔晕，放称上一称 11 斤（1 斤 =500g），每斤 580 元，共 6000 多（元）。那人刚想说理就看见店里走出来几个身强力壮的人，最后只好收声作罢。”像这类事情，需要严格的旅游市场监管才能杜绝。三亚市公安局旅游警察支队的成立在全国产生示范效应，其主要职责是保障消费者权益，打造良好的旅游环境，维持有序的旅游市场。旅游警察在景区景点开展维护秩序活动，与此同时，严厉打击强买强卖、销售假冒伪劣商品以及商业贿赂等犯罪案件。在此之后，全国各地都开始建立旅游警察队伍，有些则成立工商旅游分局以及旅游巡回法庭等。

2016 年市场兴起非标准化住宿热潮，民宿迅速成为我国旅游热点之一。2017 年，中国社会科学院发布《旅游绿皮书：2017—2018 年中国旅游发展分析与预测》对未来旅游业发展进行预测，预测非标准化住宿行业将迎来新的发展潮流。值得重点指出的是，绿皮书强调我国自身度假资源短缺的问题以及旅游产品供给水平不足的问题。因以滨海资源为主体的旅游目的地数量并不足以满足现有的休闲需求，休闲度假开始尝试向湖泊转移，但是湖泊普遍污染严重，所以旅游度假的阵地又开始转向山地，如浙江莫干山以洋家乐为代表的项目群成为山地旅游发展的典范。绿皮书认为，山村、山庄、山寨作为城市居民休闲度假的重要目的地，可以建立自身特色，强化生活感受，注重旅游的精致和体验。

绿皮书提出，应正视民宿发展的当代意义，明确民宿发展的行业范畴与地位，科学设置民宿的行业门槛，有针对性地出台合理合法的民宿用房制度，探索民宿的社区接纳与融合发展机制，完善对于民宿的审批和监管制度，完善民宿行业服务质量认证制度，加强民宿从业人员的社会保障，引导民宿行业的健康、永续发展。

2017 年 8 月，国家旅游局出台《旅游民宿基本要求与评价》，对民宿的定义进行了界定，明确了旅游民宿作为小型住宿设施，有城市民宿也有乡村民宿，均是化闲置资源为有效资源，为游客提供对当地自然、文化和生产活动以及生活方式的体验。这个定义还强调了民宿主人需要参与接待游客，明晰了民宿的主客关系，纠正了以往把民宿混同于“民居客栈”“家庭旅馆”“农家乐”的说法。这份规范文件还对民宿进行金宿级与银宿级的等级分类，金宿级民宿作为比银宿级这种普通级别更高的民宿，要求其具备更为高级的接待设施以及服务水平。

在学术研究上，我国偏重于乡村民宿而忽略对城镇民宿的研究。实际上，江南古镇的民宿在国内闻名遐迩，如浙江乌镇西栅的民宿，民宿聚集的街区保存了大量明清时期的建筑和老街长弄，旧民居改造的民宿古色古香充满了现代化的气息。在这里，游客可以体验到原来的居民活色生香的文化与生活，放松身心休闲度假。又如，上海迪士尼乐园附近有不少民宿，有广受欢迎的民宿拥有全景天窗；也有民宿装饰成白色城堡的模样；更有广受欢迎的民宿拥有室外滑梯，整个滑梯是透明的。这些民宿都给游客带来了不同于标准住宿的体验。因此，民宿有着广阔发展前景。

《旅游民宿基本要求与评价》的颁布极大地推动了民宿的发展。国家信息中心分享经济研究中心发布的《中国共享住宿发展报告2020》显示，2019年，我国共享住宿行业的交易规模约为225亿元，同比增长36.4%，继续保持快速发展态势。为进一步完善对民宿的规范，2019年7月新版的《旅游民宿基本要求与评价》发布。新标准把旅游民宿定义为利用当地民居等相关闲置资源，经营用客房不超过4层、建筑面积不超过800m^{2}的小型住宿设施，并规定民宿主人要参与接待，强调民宿客人对当地自然、文化以及生产活动、生活方式的体验。新标准将对旅游民宿设施和服务的要求详细写入了等级划分条件中，还将旅游民宿由金宿、银宿两个等级修改为三星、四星、五星三个星级标准。具体等级不同，相应的要求也不相同。与此同时新标准还健全了旅游民宿评定的“退出机制”以及对游客隐私的保护机制。

总体来看，新标准的出台有助于提高旅游民宿经营和管理水平，为民宿主人与游客营造更有利于共享住宿的环境，从而促进旅游民宿业的可持续发展。

二、民宿政策的适用性

（一）国家政策与地方政策的协调适用

国家政策与地方政策的协调适用对于促进地方民宿发展具有重要意义。中国幅员辽阔，各地情况千差万别，国家政策只有对接地方政策才能真正落实到基层。也正因为如此，国家政策往往都是原则性的指导，具体操作细则还需要地方政府根据实际情况进行分解细化，使其具有可操作性。

浙江属于民宿比较发达的地区。在浙江，民宿做得比较成熟的德清县较早进行民宿规范，出台了相应政策。浙江德清县在2014年就颁布了本区域的民宿管理办法，规范了民宿项目消防、治安、环保、卫生等方面的具体工作，为民宿办理各类证件扫清了政策法规方面的障碍，确定了民宿发展在旅游发展中的地位。德清县还领先全国，发布了第一部乡村民宿地方标准，同时还对乡村民宿进行服务质量的等级划分和评定，大大推动当地民宿规范化发展。不久又全面推动农家乐、洋家乐对旅游业的提升作用。按照标准评定出全县第一批以西坡、清境原舍、山中小筑等为代表的精品民宿表彰授牌，同时，制作400余本《德清县民宿创办手册》，发放至筱头乡、莫干山镇等镇，这些举措对德清县的民宿成为全国民宿标杆起了很好的推动作用。

当统一的行业标准产生，不同地方制定的地方标准难免出现调整与废止，如民宿的定义，各地的民宿定义较多局限于乡村民宿。而德清县的民宿地方标准强调旅游民宿是利用乡村房屋进行经营，提供乡村住宿、餐饮及文化体验的场所。北京市发布的《关于促进乡村民宿发展的指导意见》则把乡村民宿定义为利用位于农村地区的居民自有住宅或其他合法建筑，为游客提供住宿服务以及餐饮的有关设施。北京市的民宿定义与德清县的民宿定义大同小异，相同之处是要求民宿结合当地自然景观、生态环境以及当地文化、乡村等其他资源进行设计改造；不同之处在于，进一步把乡村房屋从所有权方面明确为自有住宅或其他合法建筑。上海市崇明区的规定更细一步，对于乡村民宿用房建筑样式做出明确规定，要求必须是独立式的建筑，或者具有独立通道门户，且要求权属合法清晰，符合上海市相关管理办法的规定。

关于民宿的标准等级，各地区也各有特色。德清县将民宿分类为标准民宿、优品民宿、精品民宿三个级别；福建省宁德市寿宁县将乡村民宿分为五个星级；浙江宁波别出心裁地把民宿的级别叫作叶级，分别是一叶级、二叶级、三叶级、四叶级、五叶级，其中五叶级最高；宁波的客栈、民宿细分做得比较突出，区分为自然风光型、历史文化型、民俗风情型、主题体验型等多种类别。全国各地还纷纷制定对策激励民宿进行星级、叶级的等级评定。宁波激励特色客栈创建叶级：三叶级奖励 10 万元，四叶级奖励 15 万元，五叶级奖励 20 万元。寿宁县也对星级评定实施奖励：三星级乡村民宿一次性奖励 3 万元，四星级乡村民宿一次性奖励 10 万元，五星级乡村民宿一次性奖励 20 万元。

（二）行业标准与地方标准的协调适用

统一的行业标准颁布后，必然存在行业标准与地方标准如何协同的问题。我国不同地方民宿发展的条件、情况不同，既要按照全国统一的行业标准行事，也要考虑地方的不同情况。

首先，有了行业标准还要不要地方标准？《〈中华人民共和国标准化法〉释义》第十三条规定，为了满足地方自然条件、风俗习惯等特殊技术要求，可以制定地方标准。根据这一条规定，地方标准由地方政府标准化相关主管部门报国务院标准化行政主管部门备案。对于民宿来说，也是可以按照统一的行业标准来确立自己的地方标准，当然地方标准不能低于行业标准，不允许与行业标准背道而驰。如果高于行业标准，应当予以鼓励与肯定。在民宿行业比较领先的浙江省，对区域民宿行业标准规定就走在全国前列。在民宿行业标准诞生前，浙江省在2016年颁布旅游条例，率先将民宿纳入地方性法规体系之中。当时作出的一系列规定，现在看来都是比较超前的，如对于用于民宿的建筑要求，建筑物需要是合法建筑，禁止在自然保护区、重要的自然与文化遗产、核心景区等区域建立民宿或者进行扩建活动，尤其强调了新建、改建的建筑要符合相应的建筑标准要求，要取得相关合法合规的证件，要在安全设施方面做到位。同时对于民宿卫生、安全、环保方面都有规定，且要求取得执照。

北京、上海、广州等城市的地方标准也比较严格，如北京市明确乡村民宿经营者需依法办理“一照、两证、一系统”，即营业执照、公共场所卫生许可证、食品经营许可证，要求安装使用公安机关的信息采集系统，完善安全管理相关工作，如严格实行游客住宿登记等。对各种证照办理分工也做了落实：北京市市场监督管理局负责指导各区开展乡村民宿营业执照及食品经营许可证的办理服务工作；北京市卫生健康委负责指导各区开展公共场所卫生许可证的审批工作；北京市公安局负责乡村民宿治安管理工作，指导属地分局开展备案审核工作等，要求民宿安装信息采集系统以落实游客住宿登记等安全管理制度，有效解决了绝大多数乡村民宿面临的住宿经营合法性问题。

其次，行业标准与地方标准冲突应该如何解决？中国幅员辽阔，各地情况都不一样，行业标准与地方标准的不一致，宜按照上位法优于下位法、新法优于旧法来执行。

行业标准与地方标准的协调适用仍存在不少问题。例如，从广东广州花都民宿发展情况来看，传统村落建设、乡村居民办民宿不仅要跨越行业许可的门槛，而且需办理消防、卫生等手续，特别是广州市近年来停办“临商证明”及“住改商”，使民宿难以“合法合规”。在卫生许可方面，由于国家、省、市对于民宿业暂无行业规范及相关卫生标准，区、县级卫生行政部门只有审批、核发辖区内住宿场所的“卫生许可证”职能，暂无法以民宿行业标准来进行卫生许可；在消防许可方面，乡村民宿的土地性质为宅基地，并非商业性用地，户主需要到广州市规划和自然资源局（简称市规划资源局）申请土地性质的变更，在市规划资源局同意后，根据《建设工程消防监督管理规定》第十五条之规定，向公安机关提供建设工程规划许可证明文件申报消防手续；在工商登记许可方面，需要按照“先照后证”的前置审批许可制度，而民宿业属于后置审批事项；在行政准入方面，区安监局行政许可职权事项为“危险化学品经营许可证核发”“烟花爆竹经营许可证核发（批发与零售）”，并无与民宿准入相关的行政许可事权。

（三）政府与市场关系的协调运用

1. 政府制定政策保障民宿可持续发展

在产权方面，政府是可以大有作为的。土地法律规制与政策的完善对于民宿未来发展具有重要作用。实际上不仅仅是产权方面的制度改革，民宿要得到发展涉及多方面的制度改革与政策完善。

首先，民宿需要纳入生活性服务业行业分类。按照国务院文件把民宿列入生活性服务业，这是享受各种政策优惠的前提。如果民宿一直游离在行业分类的边缘，难以确立自己的独立地位自然无法获得真正的政策支持。如果民宿作为生活性服务业的重要行业，那么所有能够支持生活性服务业的政策绝大部分都能够落实到民宿行业。目前关键是需要修改与完善以前的行业分类体系，尽快厘清民宿与其他行业的关系，加快进行民宿统计。

其次，民宿发展要与国家重点扶持的特色小镇结合。当下国家重视特色小镇建设，如果民宿搭上了特色小镇建设的快车，极有可能获得多种政策优惠。2016年发布的《住房城乡建设部、国家发展改革委、财政部关于开展特色小镇培育工作的通知》专门针对特色小镇培育工作，提出支持特色小镇建设，为符合条件的项目设置专项建设基金，同时奖励取得建设成效的特色小镇。民宿的发展与特色小镇建设有着密切关系，今后需要利用特色小镇建设来发展民宿。

我国民宿发展比较好的地方也有不少没有进入特色小镇系列，特别是江南地区古镇，它们是最早孕育城市民宿的地方，却错失特色小镇发展的良机。如果把特色小镇战略与民宿发展融合，则可以衍生出特色小镇新的发展路径与模式，如广东深圳甘坑小镇把民宿与特色街区、创业创新群落、艺术机构进行整合，运用特色小镇＋特色民宿项目，既能突出特色小镇独特之处，也能获得民宿集聚的良好环境与条件。

最后，创新财税政策支持民宿发展。生活性服务业“营改增”有望降低民宿的税负。我国自2016年5月起把金融行业、建筑行业、生活服务业等纳入营改增试点，作为财税体制变革的重要举措，对于民宿业无疑是福音。虽然民宿目前的税负还没有进入“营改增”改革，依照营业税和附加的标准进行征收，税率超过17%，但随着民宿纳入生活性服务业分类，税收方面的改革势在必行，“营改增”的优惠必将落实到民宿经营之中。

2. 鼓励社会投资者投资民宿

不少地区政府出台鼓励社会投资者投资民宿的政策，如上海崇明地区鼓励乡村组织投资、租赁民宿进行经营。北京市这方面的政策也比较完善，如规定通过奖励、贴息等多种方式对乡村民宿建设和发展给予扶持；对推动地区乡村民宿发展起重要作用的行业组织通过购买服务的方式给予扶持。地方政府这些政策以及举措能更大限度地调动投资者积极性，同时让投资者减轻资金压力，实现资源拓展。

3. 金融方面政策保障

不少民宿的房屋产权并非经营者所有，存在抵押贷款的难题。民宿从传统银行获得贷款的概率很低。中央政策在拓宽抵押品种和范围方面的考虑，给民宿带来希望，如已经做大做强的民宿可以发行债券，甚至上市融资。在抵押品种和范围方面应当拓宽至“租约”，民宿经营者凭租约就可以融资或发行债券，但这有赖于更加宽松的贷款条件与氛围，需要政策的进一步推动。

可以发现，一些地方民宿发展得好与地方金融政策支持分不开，如浙江东阳横店民宿产业发展与金融机构的贷款支持密不可分。东阳的金融机构提供专门的民宿贷款支持，发放长达五年的贷款，民宿经营者可选择分期还款等多种还款方式。还有北京市为了解决乡村民宿的投融资问题，利用北京旅游资源交易平台、京郊旅游政策性保险平台、京郊旅游融资担保平台等解决民宿经营困难。在 2016 年年底，京郊旅游政策性保险平台就已经建成，到 2018 年累计承担风险金额超过 30 亿元。仅京郊旅游投融资服务平台就涵盖京郊精品酒店、高端民宿、古旧村落旅游开发、康养旅游等 7 类项目投资。

第二节　民宿的立法问题

一、国外的民宿立法

（一）日本的民宿立法

在 1949 年，日本的《旅馆业法》就已经正式施行了。到目前为止这部法律的大致框架变化并不大，只有获得经营执照才能合法经营的日本旅馆，一共有四种形态，即饭店营业、旅馆营业、简易住宿营业和公寓营业。20 世纪 60 年代开始，日本民宿进入发展快车道。日本从产权入手，在土地方面完善政策措施，激励乡村农舍开设民宿。山村振兴和开发计划在很大程度上推动了日本乡村民宿发展。这个时期西方进入买方市场，日本经济得到快速发展，休闲农业获得发展机遇，驱动了休闲旅游浪潮。

20 世纪 90 年代日本的民宿业一度衰落。当时因为日本出现了经济危机，房地产企业倒闭，坏账高达 6000 亿美元，房价快速下降回到 20 年前水平，民宿业也遭受重创。在 20 世纪 80 到 90 年代，日本密集出台一系列刺激休闲农业、有利于民宿发展的政策，这些法律有《特定农业用土地出租付法》《市民农园事务促进法》《农山渔村旅宿型休闲活动促进法》《食品农业农村基本法》等。这些政策规定民宿业主可以使用农地建设房屋开设民宿，并且日本农场可以出让土地使用权也刺激了农场的租赁经营。这些措施解决了乡村旅游的难题——土地产权问题。民宿相关的法律、规则体系也在这一时期确立。日本对民宿的使用与改建都有一系列的法律规定与解释。

2003 年日本提出“观光立国”战略，随着外国游客日益增加，民宿重新开始繁荣。按照《旅馆业法》《农山渔村余暇法》，民宿在经营上需要接受政府管理与监督，其监管机构是农林水产省，该机构负责监督管理乡村旅游包括民宿在内的产业，还提供对这些产业的咨询、补助经费、贷款等。政府还通过一系列措施，建立与健全旅宿型休闲活动的功能，保障休闲农业可持续发展。

随着日本民宿的发展，噪声扰民、环境污染以及治安混乱等问题日益突出。媒体统计，2016 年日本大阪市内的非法民宿约有 1 万家，2016 年对非法民宿的投诉超过 300 件。在此背景下，2017 年《住宅宿泊事业法》出台，拉开了对非法民宿整治的大幕，该法律对民宿每年的营业时间做出了限制，对一些环境状况不佳的地方，民宿经营时间会更短。民宿除了需要符合安全、消防、环境、卫生等标准，还要获得邻里与所在物业的同意。

各地可以根据法律出台本地的民宿管理规范。日本各地出台的管理规范各有特色、非常细致、可操作性强，如京都市大部分区都有自己的管理规则。东京新宿、中野、板桥等地区，只允许民宿周末在住宅区开张，其他时间禁止经营。千代田区还规定，民宿业主如果无法在 10 分钟内赶到民宿处理事务，则不允许经营民宿。在如此严格的法律体系下，民宿数量回落，质量大幅提升。

（二）法国的民宿立法

从 1936 年起，法国政府实行了每年的法定休假日超过 15 天的政策。闲暇时间的增多促进了旅游业的发展，但囊中羞涩又限制了人们远足，参村的农舍抓住这一机遇，开始完善自身以满足城里人的休闲度假需要。因此，参村的民宿首先发展起来。在1951年，法国诞生了首个乡村民宿，经过了四年发展，法国民宿业迅速走向繁荣，到了1955年，法国民宿联合会宣告成立。

法国民宿由乡村发展到城市，城市民宿的发展也给法国一些大城市带来了麻烦。以法国巴黎为例，巴黎大区的面积约1.2万km^2，人口近1180万，已城镇化地区面积仅占21%，其余土地均为农地和自然用地。由于市中心较高的生活成本，一些工人、职员、退休人员等社会弱势群体迁移到中心城边沿地带，形成了"半城市化"地区，这种尚不受控制的半城市化在过去20年间消耗了大量农村土地。与此同时，巴黎市中心一些民居将房屋改造成有一定经营时间的民宿。从2013年到2018年，民宿为了发展挤占了巴黎市中心的民房。房子只租不卖导致买房成本提高，巴黎市中心房价高企。同时，高房价也导致居民流失，城市空心化严重。

法国的民宿主要以家庭经营为主，租金有以天数计算，也有以周来计算。法国民宿法对民宿的经营规模以及卫生、安全方面有严格的规定，对于民宿扰民问题没有专门的规定，但持续、长时间制造较大噪声也会遭到处罚，这些方面由法国的《民法》《公共卫生法》《环境法》等做出规定，进行约束。2000年以后，法国政府修订了民宿法，对民宿的规模进行限制。民宿与旅馆的区分以房间5间作为分界线，超过5间的不再作为民宿而是认定为旅馆。此外，政府还对民宿的安全、卫生、环保方面都制定了严格的规范，不遵守这些规范将遭受处罚。为了保证民宿的服务质量，还规定每隔五年进行一次评定，不合格的民宿面临被淘汰的危险。

从2017年开始，法国房源需要在政府机构进行登记，短租公寓的出租天数不能超过120天。此外，法国政府为了确保客人的人身和财物安全，还要求民宿业主为住宿客人办理保险。法国还颁布与民宿行业配套的《住房发展与数字设施配置法》，试行期至2023年，并对主要住宅作为旅游民宿出租的租赁期设立了法定上限，一年最多出租120天。按照该法案，房主与租客签署或更新租房合约时，必须遵守"房租中位数参考价"，不得高于其20%，也不得低于其30%。"房租中位数参考价"的制定一般是由巴黎地区房租观察所根据每个街区的住房类型、特点、房间数量、建房年代、空房或带有家具等情况，计算出房租中位数，再由大区行政长官设立参考价格的。

（三）英国的民宿立法

家庭旅馆作为民宿的最早形态产生于英国。当时，英国的中部以及西南部人口稀疏的农家，为了增加收入，把自家的房间出租。这些出租的房间一般带有浴室、床、早餐。作为家庭式的招待，英国民宿有着浓郁的家庭氛围，住这样的民宿里就好像住在自己的亲戚家，还能感受当地文化与习俗。好客的民宿主还会带游客去从事休闲农业活动，包括耕种、采收以及牧牛、喂羊，接触大自然，因此广受游客欢迎。据调查，在英国夏季出行的游客中，大多数人会选择家庭式住宿。

20 世纪 70 年代，英国民宿发展出现新的业态，露营地、度假平房开始出现。现在英国民宿的发展步入成熟期，休假模式也推动更多游客追求家一样温情的民宿。2015 年，旅游网站猫途鹰对全球主要旅游国的酒店和民宿进行分析，其主要依据是游客的点评，这些数据的时间跨度长达 10 年。研究结果表明游客对英国民宿的满意度为 89.6%，而对英国酒店的满意度只有 80.8%，说明游客对于民宿的评价远远超过酒店的评价。英国民宿的经验可以归纳为两点：

第一，发挥中间组织的作用。英国民宿的中间组织十分发达，在 20 世纪 80 年代就成立了农场假日协会。协会作用之一是进行联合营销，组织民宿进行品牌联合与营销方式联合，能够让单打独斗的民宿成为合作团队。协会作用之二是对民宿进行行业管理。协会通过对民宿进行分级，培育级别高的民宿，扶持高质量的民宿发展。除此之外，协会对会员进行筛选，进入协会的必须是在农渔粮食部门登记在册的农场主、经营者或者是经营得好、服务水平比较过硬的民宿，才允许在协会进行登记。协会作用之三是协调沟通。充当信息员与服务员，为民宿业主提供市场信息和其他服务；充当沟通与调解员，为民宿业主与旅游者之间牵线搭桥，化解矛盾冲突，推动彼此相互理解支持；充当中介组织，代表民宿整体去争取政策优惠，获得农业主管部门以及政府观光局的支持。

第二，政府实施严格管理。随着英国民宿发展，各种乱象不断出现。民宿经营规模过大会造成噪声与各种问题。为此，英国政府加强了对民宿的监管。其中一个监管就是限制民宿的规模，对于接待 6 人以上的民宿可以实行重税，对室内装修、安全、食品卫生等方面提高标准，使得大多数民宿规模局限在 6 人以下。英国法律对民宿的严格管理在各方面都得到了体现，如对游客出售酒精类饮料都需要有专门的许可证。

二、我国的民宿立法

（一）我国民宿立法的必要性与可能性

《中华人民共和国旅游法》（以下简称《旅游法》）作为我国规范旅游业的首

部国家法律，规定了旅游经营者的责任、旅游者的权利义务、旅游服务合同、旅游安全以及处理旅游纠纷等内容，是统领旅游者的旅游活动、旅游经营者的经营活动和政府旅游管理活动的旅游基本法。同时，旅游法也进行授权，对于城镇与乡村居民使用自有住宅进行旅游经营活动的，具体管理办法由地方来制定。

目前民宿行业已经有自己的行业规范与标准，大部分地区也制定了自己的民宿管理办法，在行业标准制定之后，以及后来进行修改之后，也都颁布新的地方标准或者修改原来的规范。但这些规定都没有上升到法律层面，不具备强制性，特别是各地制定的本地民宿管理办法的适用性比较狭窄。因此建立全国统一的民宿法律便成为客观需求。

从其可能性来说：第一，行业标准确立对民宿立法的推动。随着行业标准规范和民宿新星级等级划分机制，民宿进入、退出机制进一步完善，一系列行业标准与行业要求的制定与修订，为民宿规范发展提供准备条件。第二，政策完善对民宿立法的推动。我国出台的《国务院办公厅关于促进平台经济规范健康发展的指导意见》对平台经济的监管、市场秩序、新业态成长等作出要求和部署。针对旅游民宿，提出优化完善旅游民宿等准入条件、审批流程和服务，推进平台经济有序正常发展。这些都有助于加快全国统一的民宿立法进程。第三，涉及民宿平台立法的进程对民宿立法的推动。旅游民宿发展与平台息息相关，平台不仅构建民宿运行机制、模式，也是民宿接触客人的重要渠道与信息来源。《中华人民共和国电子商务法》（以下简称《电子商务法》）虽然可以从电商出发规范民宿平台，但解决民宿快速成长带来的系列问题仍需要专门的法律对此做出规定，才能解决平台经济发展不规范与无序化的问题。

（二）地方的民宿立法情况

浙江省属于民宿比较发达的地区，《浙江省旅游条例》就把民宿列入了地方性法规。其中第三十一条规定，利用城乡居民自有住宅开办接待旅游者住宿的民宿，具备相应条件的，公安及其消防机构、卫生计生、食品药品监督、环境保护等有关部门应当发放相关的经营许可。民宿地方立法比较成熟的北京市，在原有基础上修订了《北京市旅游条例》，在“旅游经营”一章中专门设置“民宿”一节内容，对民宿经营进行规范。该条例第五十六条规定了民宿概念，从所有权角度表明民宿可以是屋主运用自己房屋开办民宿，也可以是获得使用权的居民为游客提供住宿服务。条例还把民宿分为城区民宿和乡村民宿，并要求政府相关部门根据实际情况，针对城区民宿和乡村民宿，分别做出不同的管理规定。无论城区民宿还是乡村民宿，开展民宿经营都要办理工商登记，遵守相关管理规定。与此同时，要求公安部门、消防机构、卫生管理监督机构以及环保有关部门有明确的职责分工，既要简化程序，方便居民，又要确保安全，加强监督。

在此基础上，北京市综合考虑《旅游法》和《旅馆业治安管理条例》相关内容，制定民宿发展实施细则。北京市旅游行政主管部门于 2018 年 8 月选取密云区怀柔区、房山区的重点村镇进行试点工作。要求试点各区政府成立乡村民宿管理服务工作小组，明确工作小组成员单位，要求民宿申办者按照乡村民宿基本条件及申办流程进行申办，各区民宿服务工作小组严格把关并加强服务及过程辅导。同时要求试点各区在试点执行结束后，对试点执行情况进行汇总，摸清各区乡村民宿情况，明确办理过程中存在的困难及原因，为下一步解决全市乡村民宿合法住宿的问题以及理顺乡村民宿管理体制提供依据。

综合来看，各地民宿立法虽然五花八门，但基本构架如下：颁布各地旅游条例，再通过制定相关政策，明确政府部门管理监督责任，要求民宿业主遵循相关规定。但是在各地的旅游条例中，民宿往往占据的不是主要位置，如北京市的旅游条例总共 84 条，第四章的第七节专门对民宿的规定只有 4 条，且都是原则性的规定，内容包括如下：规定民宿概念；民宿基本管理制度，即城乡居民住宅可以经营民宿，按照落实和细化旅游法相关规定的要求，授权市政府相关部门根据本市实际来制定城区民宿与乡村民宿的规范；民宿经营的合法性、安全性要求，规定民宿经营应当办理工商登记，违章建筑不得用于民宿经营等。

由于缺乏系统立法，现有法律法规的对接存在很大问题。如北京市公安部门将民宿行业视为特许经营行业进行管理，根据我国消防法相关规定，在运营之前需要办理特许经营许可证，由公安部门负责检查和审批，而获得特许经营许可证的前提是获得公安部门的消防检查合格证。北京市公安部门还要求按照《北京市旅馆业治安管理规定》中的规范，“旅馆与其所在建筑物中的非旅馆部分之间有隔离设施”“客房区为独立区域，与旅馆内的娱乐、商业等附属服务设施分割”，同时还有经营规模要求以及具体技术标准，对于民宿而言这是难以达标的。这就使得相当多的民宿难以办理消防检查合格证和特许经营许可证，从而处在灰色地带。

尽管北京市在规范民宿发展的配套方面做足功夫，如北京市消防部门专门出台《北京市农家乐（民宿）建筑消防安全基本要求（试行）》，对乡村民宿进行检查并出具意见；一些地区建立“乡村民宿登记备案信息系统”以满足申办者申请、乡镇政府审核、区旅游委信息登记、部门查询等多方面需求，但消防管理制度、工商注册办法仍然制约民宿的合法化进程。政府对民宿经营采取默许态度，但是非法经营制约着民宿经济的健康成长，例如，不能开具发票，制约民宿的长续发展；无法同公安部门身份查询系统联网，无法及时防范违法活动；无法开展产业链扩展、合作，也无法融资。仅允许民宿经营者办理个体工商户执照，也不利于民宿的规模扩张与质量提升。这种情况不仅存在于全国各地，在民宿发达的浙江省、北京市也难以避免。总体看来，地方民宿立法缺乏专门性、系统性与配套性，给民宿的规范化发展带来较大的难题。

（三）我国民宿立法的几个原则性问题

1. 要处理好上位法与下位法关系

因为民宿与电商平台密切相关，而作为电商平台要受《电子商务法》约束。如果民宿规范体系作为行政法颁布，那么它与《电子商务法》的关系便是下位法与上位法关系。因上位法的效力高于下位法效力，所以民宿特别是共享住宿的相关法律规范必须以《电子商务法》有关规定为准则。

我国民宿电商平台发展迅速。途家、小猪、木鸟、蚂蚁短租、爱彼迎等多家平台获得大力发展。民宿平台竞争激烈，行业不断发生重组，如途家收购了携程公寓渠道、去哪儿公寓渠道、蚂蚁短租、大鱼等，市场占有率与知名度都得到了进一步提高。蚂蚁短租是我国国内民宿在在线短租平台领域的较早开拓者，蚂蚁短租等民宿短租软件主要是构建民宿、短租公寓的电子商务平台，可以提供完善的旅游电子商务交易服务。蚂蚁短租平台上的房源类型包括独栋别墅、酒店式公寓、民宿、客栈、四合院、木屋、树屋、房车、帐篷等，在中国300多个城市及旅游目的地拥有30多万套房源。

民宿的规范包括对民宿平台的规范。目前，民宿平台的规范主要依据是《在线住宿平台服务规范》。该规范在2019年发布，界定了平台和平台内经营者的主体责任，民宿属于适用对象范围之内。规范对在线住宿平台和在平台内经营的经营者提出了具体的行为规范要求，这个规范可以被看作《电子商务法》在在线住宿行业的细化规则。如果民宿法出台，可以延续这些细化规则，以法律法规形式予以明确。

再如，《电子商务法》中明确禁止了电子商务经营者刷好评、擅自删差评、大数据杀熟、泄露用户隐私等行为。该法第三十九条规定了平台的经营者禁止删除消费者的评价。平台上消费者对商品与服务的评价往往是其他消费者参考决策的重要依据。对于民宿来说，销售数量和好评率对游客的入住率影响很大。删除这些评价，实际上是隐瞒这些商品或服务可能存在的缺陷与漏洞，给商家继续隐瞒这些商品或服务瑕疵大开方便之门，难以反映市场上商品或服务消费真实的状态。而在民宿行业，“刷单”现象屡见不鲜，如果“刷单”本身形成一个产业链，长此以往，对民宿行业的规范难以真正实现，这个行业的可持续发展就会成为一句空话。

民宿立法，要妥善处理与《电子商务法》这样的上位法的关系。在《电子商务法》里已经有规定的，依照《电子商务法》来处理，但民宿行业可以根据自身规律，在一些细节方面做出详细规定，包括可以依据原来已经制定的行业规则，使其正式进入法律法规体系。

2. 处理好与同位法关系

同位法之间具备同等效力，在各自权限范围内施行。例如，我国的《旅馆业治安管理办法》规定比较严格，凡用于接待旅客住宿的旅馆必须取得特种行业、公共场所卫生许可证和消防安全检查证。该办法第三条规定，开办旅馆，其房屋建筑、消防设备、出入口和通道等，必须符合《中华人民共和国消防法》等有关规定，并且要具备防盗安全设施。第四条规定了申办旅馆程序，应经主管部门审查批准，经当地公安机关签署意见，向工商行政管理部门申请登记、领取营业执照后才能开业。民宿完全按照旅馆业管理办法进行规范显然不现实。目前一些地方已经开始尝试核发民宿工商营业执照。浙江省率先出台《网络预约居住房屋信息登记办法（试行）》，及时下线不符合建筑、消防、治安安全规定的房屋。此外，最新版《旅游民宿基本要求与评价》也规范了开办旅游民宿程序，民宿合法主体的成立必须符合相关环保、安全、卫生等方面的规定，还要按照当地政府规定取得相关证照，但由于缺乏统一的法律规范，民宿诸多问题仍难解决。

日本《旅馆业法》早就把民宿纳入旅馆业体系。旅馆业四种形态，即饭店营业、旅馆营业、简易住宿营业和公寓营业。其中公寓营业指建立设施、收取一个月以上的期限为单位的住宿费，让人们住宿的营业。从其规定看，它类似于中国的长租公寓。按照《旅馆业法》，这四种旅馆都需要申请营业执照，才能合法经营。相对而言，《住宅宿泊事业法》对于民宿并没有要求获得旅馆业的执照，在备案制下实施一系列规范。我们可以借鉴日本的经验，区分不同类型的民宿，分别列入民宿法进行规范。

这就涉及民宿立法如何对接《旅馆业治安管理办法》。同位法之间的有效衔接对于引导民宿健康发展具有重大意义。现实中，既要避免同位法之间的混淆，如把民宿等同于旅馆，也要处理好交叉分工，做好共享住宿与工商管理部门、餐饮管理部门、卫生部门的有效衔接。

3. 进行系统立法

民宿“系统立法”是指实施规范民宿的专门立法，在此基础上制定相关的配套法律法规，或修改原来的法律，以及各地推出具体实施细则。日本与法国均颁布了专门的民宿法，如法国颁布《住房发展与数字设施配置法》，日本颁布《住宅宿泊事业法》，同时指定配套的法律法规，构建系统性法规。

我国民宿立法除了借鉴国外民宿立法体系建构，也可以借鉴其他领域比较成熟的立法体系建构。如欧盟生态保护方面的立法就属于比较典型的案例。在欧盟颁布以及修订《关于预防和补救环境损害的环境责任指令》基础上，欧盟各国纷纷实施系统立法与单行法规。不同国家在系统立法模式上又有差别：有些采用专门立法与单行法规并行，有些在修改旧法的基础上，增加单行法规。捷克在颁布《预防和补救环境损害的法案》基础上，又先后颁布了《土壤生态损害的识别与修复法令》和《环境损害风险评估的方法及金融安全条件的政府指令》。

我国民宿立法，可以借鉴“专门立法＋单行法规”的立法体系。在颁布“旅游民宿法”的基础上，修改其他现行法律法规，构成一个完善的民宿法律体系。例如，在《中华人民共和国民法典》实施基础上，可以考虑进一步完善“农村土地承包法”“物权法”“担保法”等，解决民宿发展的产权问题；可以考虑修改《旅馆业治安管理办法》，配套解决不同民宿类型的规范问题；修改《中华人民共和国环境保护法》配套防止噪声与环境污染；《中华人民共和国食品安全法》配套解决民宿的餐饮卫生问题；《电子商务法》配套解决民宿平台的规范化。

第三节　民宿的产权难题

一、民宿产权的多样化

在探讨完善民宿发展的政策与法律问题的时候，需要注意到一个问题，即民宿产权方面的难题将是民宿未来发展的最大障碍。

依照学术上的解释，产权是指所有权，主要是财产所有权，包括占有、支配、使用和收益的权利体系。这种等同于企业财产所有权的产权可以称为广义的产权，但产权的内容不限于财产的所有权。在市场经济环境下，许多企业间的产权转让与买卖并不包含财产所有权的转移。虽然企业财产的占有权、支配权、使用权和收益权是财产所有权的基本组成部分，但在一定条件下，它可以在一定程度上实现与财产所有权的分离。这种分离将财产的部分占有、支配以及使用与收益的权利进行让渡，财产所有者并没有丧失所有权，故可以称为所有权与经营权的相对分离。因此，产权的内涵有时指部分或全部的独立经营权的所有权，在这个意义上的产权被称为狭义的产权。可见，作为产权，其含义有时候可能指企业财产所有权，有时候也可能指权利分离下的经营权。

更多西方观点表明，财产是指财产权利。法国的民法典中明确规定，财产权利就是依照法律的规定以最独断的方式处分物品的权利。它的含义如下：第一，产权是对于物品的权利；第二，产权是法律赋予权利人对物进行处分的权利；第三，产权是一种绝对的权利。它涉及物的使用、收益以及一切与财产有关的权利，并且所有者可任意行使。事实上，许多法律学者和经济学家理解的产权是根据国家法律或法规确定的，产权是物权的代名词但也有一些经济学家、管理学家不赞同把产权问题归结为人对物的权利，而把它看作由物才发生的社会关系。西方学者费雪（Fisher）曾指出："一种产权是当它承担享用这些权益所支付的成本时的自由权或是允许享用财产的收益……产权不是物质财产或物质活动，而是抽象的社会关系。"①

张维迎认为："从较高的高度看待产权问题，产权管理制度具有供给人们谋求长期发展的未来预期，以及提供可以反复进行博弈的规制。很多企业不讲信誉的根本原因在于产权不清。由于产权不明晰，人们不需要对其行为承担社会责任义务，也不可能从企业的信誉中进行获利，自然就没有必要讲信誉。信誉就像一棵苹果树，没有主人的苹果树很难成长。"②

从民宿发展历史看，产权的多样化是一个客观的发展趋势。在民宿发展的早期，较多情况下，所有权与经营权是合一的。家庭旅馆作为民宿的最早形态产生于英国。旅游者寄宿在当地居民家中，感受当地人的生活及人文景观；经营者一般拥有自己的住宅，用多余的房间来接待客人。农家提供一个睡觉的地方和一顿简单的早餐，价格显然比一般的酒店便宜，每人每晚 20～30 英镑（1 英镑 =9.05 人民币）。民宿在日本的发展也出现了类似情况。日本的乡村民宿与城市民宿大多是由民宿主人的家属充当服务人员。如果确实需要招聘员工，员工往往会从事

① 张早平．产权交易与产权市场建设［M］．北京：中国经济出版社，2005．

② 张维迎．产权、政府与信誉［M］．北京：生活·读书·新知三联书店，2001．

打扫卫生或者生活垃圾清理等杂事。这与家族式管理极其类似。恰恰是因为日本民宿的这些特色，其涉及的各种资源和人员的管理才不会发生大的变化，因此，可以提高服务水平和管理效率。其明显的家族传承特征，让游客产生信赖感，从而维持较高的顾客忠诚度。与之相比，西方的家庭旅馆产权变化就比较大。大约20世纪70年代后随着西方家庭旅馆业务范围的扩大，农家民宿开始自治，开始产生民宿产权多样化发展的趋势。

从逻辑上看，民宿的定义变化也受此影响。潘颖颖认为："民宿是人们将自用住宅的空闲房，为体验本地文化、农村乡野生活的旅游者提供一个临时性的居住环境与场所，以发展家庭副业形式进行经营的模式。"[①]随着这个行业的进一步发展，许多学者认为民宿成为一种商业模式。这种情况的出现，与民宿本身发展的路径有密切的关系。后来，民宿发展由两权合一逐步走向两权分离，更多的民宿业态随之产生，如农家乐、家庭旅馆、短租公寓、客栈、乡村酒店、农庄等，经营者也不一定是民宿主人。总之，新的形式层出不穷，管理方式与商业发展模式更是花样繁多。

二、民宿的产权类别

我国民宿按产权可分为私有民宿、集体所有民宿、国有民宿和社会民宿四大类。私有民宿是指产权在每家每户，属个体私人所有，其主体是大量的民居型民宿。它们产权归个人所有，自主经营、自主管理、自负盈亏。集体所有民宿分两种：一种是产权为宗族、家族集体所有，如南方地区的客家围屋，这种围屋规模大、房间多、功能全，历史较为悠久，由于牵扯的家庭多，一直没有进行产权分割。用这种民居改造成的民宿，其所有权为家族集体所有。一般由家族成员组成理事会进行管理和经营。另一种是我国不少农村还保留了集体所有制的民居，用这种民居改造成的民宿的产权仍归集体所有。国有民宿是近些年来新出现的民宿类型，主要是国有企业收购的民居或新建的成片民居。社会民宿主要是指由社会投资者，如私营企业、企业集团等投资建设和经营的民宿。

据彭青和曾国军研究，还有一种情形是，"私有民宿通过连锁经营，转变成为虚拟企业。民宿主人把房屋租赁给社会组织开展连锁经营，这是一种企业集团

① 潘颖颖. 浙江民宿发展面临的困难及解析：基于西塘的民宿旅游 [J]. 生产力研究，2013(3)：132—135.

的集约经营活动形式，这一比例大约为 8.6%”。[①] 承租人通过投资，租赁多家民宿，将其打造成为规模较大的民宿组织，同时实施专业化管理，专门聘用职业经理人来经营管理，从而形成自己的特色品牌，再通过品牌延伸扩张创造优势。除此之外，承租人还在连锁的经营管理过程中增加新的服务元素、要素和服务项目，如小型商务连锁酒店、旅馆，利用地域优势、规模经营以及服务特色，创造新的效益。

连锁经营实际上就是通过整合个体民居，构建一个企业价值网络，成为虚拟企业。虚拟企业本身是边界模糊的联合体或企业网络，在内部既有市场结构，也有科层结构，其整体的竞争力胜过单体的简单之和。按照虚拟企业理论，在虚拟企业中，各种资源要素得以重新整合，各个成员单位优势互补，通过内部竞合关系，产生新的环境优势。各个单元相互共享知识与信息，增强自我增殖、自我发展能力。虚拟企业一体化的形成和扩张，导致企业之间有形的和无形的边界模糊，降低了科层制带来的交易成本。随着民宿由实体经济组织向虚拟企业管理组织转变，其经营层次出现转变，科层结构也发生扁平化变化。民宿产权个体依然拥有所有权，但在连锁企业中，构建新的价值网络，个体民居所有者与经营者成为大模块组织。如余东华和芮明杰所言：“虚拟企业的价值链是纵向模块组织，价值模块是构成价值网络的‘基因’。这些模块由企业内部转移到企业外部时，就是价值网络形成的过程。”[②] 随着更多的外来民宿通过加盟进入组织体，内部成员的组合方式以及社会地位不断发展变化。一般成员的能力要素应能够转换为决定整体文化价值网络的力量，成为市场竞争优势的关键技术要素，从而提高民宿团队的竞争力。

此外，个体民宿也会沿着不同路径分化。彭青和曾国军“把早期民宿区分为家庭旅馆与民居旅馆”[③]。大多数家庭旅馆的业主开始将自己的物业出租以获取租金收入，然后发展成为民居旅馆，这是家族式民宿产权分离派生的典型形式。家庭旅馆将经营权转让给新的民宿运营商，这些民宿运营商往往是国内其他地区的居民，他们的加入带来了充足的资金与外来的人力资源。资金输血、经验汇集以

---

① 彭青，曾国军．家庭旅馆成长路径研究：以世界文化遗产地丽江古城为例［J］．旅游学刊，2010，25（9）：58—64.

② 余东华，芮明杰．模块化、企业价值网络与企业边界变动［J］．中国工业经济，2005（10）：90—91.

③ 彭青，曾国军．家庭旅馆成长路径研究：以世界文化遗产地丽江古城为例［J］．旅游学刊，2010，25（9）：58—64.

及硬件更新，服务内容扩展，都可能带来一场新的革命，从而形成民宿的转型升级。在不发生租赁经营的前提下，民宿主人仍然自己经营，开始实施新的组织管理或营销组合，如招募新成员加入家族，吸引外来人员加盟，扩大经营范围，开展多元化的经营项目等。据彭青和曾国军调查：“这些类似于家族企业的民宿中，较多雇佣家庭成员从事管理、导游、司机等职业，这一比例为2.9%。”① 即使是些因循守旧的经营者，为了迎合市场环境发展变化，也不断推出新的项目，改变服务方法，提升服务水平。

三、民宿产权问题的隐忧

（一）租赁经营下的利益回报

国内民宿往往是在租赁后才开始经营，存在土地使用权的隐忧，受政策影响的可能性大。从目前情况看，民宿的发展趋势明显由拥有集体土地使用权的业主向租赁者、投资者转变；由业主亲自经营向外来租赁者、投资者转移。对云南丽江的一项民宿调研显示②，民宿业主基本上是外来者，投资经营方式为个人独资或合伙投资或大型品牌的连锁经营，如“缦山”“诗莉莉”等知名客栈民宿品牌就是以这种方式经营。民宿业主在当地租用土地，经营权在15～20年。租赁期内，民宿业主自行建设，自主经营，只需支付给土地提供者一定数额的租金。租赁期满后，民宿的不动产无偿交给土地提供者。例如，丽江的“印心石屋”，由吴道源先生承租经营，租期为20年，每年付给土地提供者租金12万元，20年租期满后则向其移交。近年的研究显示，民宿投资者有70%是利益导向型的，利益导向型的投资者最关注的是如何在最短的时间内获取最大的回报。而30%是情怀型的投资者，在情怀型的投资者中有一半是设计师。

对于短租民宿来说，近年来在共享经济模式下崛起的爱彼迎平台、小猪短租平台等打造的住宿市场热点，也与这一经营模式紧密相关。这些民宿的主人一般不直接从事租客接待，而是依托互联网技术，进行在线互动的“无接触”交流。与传统民宿追求的家庭氛围不同，这种短租民宿更多地融入了多样化的文化氛围。

① 彭青，曾国军．家庭旅馆成长路径研究：以世界文化遗产地丽江古城为例［J］．旅游学刊，2010，25（9）：58—64．

② 刘念．游客感知视角下旅游民宿服务质量评价及提升研究［D］．昆明：云南财经大学，2020．

住客对本地民宿文化的消费方式转变为对多样化、融合性的文化认同。

从今后发展趋势看，在线短租由于付出成本低，房东涉及程度低，受到很多人青睐。《2019 城市民宿创业数据报告》显示，在经营时间投入上，八成房东平均每套房源的经营每天只需花费半小时不到。在成本投入上，以 3 个月计算，平均每套房源需要投入租金约 6000 元、装修成本约 5000 元、保洁费用 500 元、水电客耗 200 元，共计 11700 元。而房东每月的收入大概有 4485 元（假定这套房定价 230 元，旺季上调到 250 元、入住率 80%，淡季下调到 210 元、入住率 50%）[①]。从这个虚拟数据看，房东三个月不到即可实现“回本”。

（二）民宿租赁产生的交易成本

租赁经营的民宿日益增多不光是因为原屋主资本、精力等难以兼顾，更多是专业化民宿竞争的压力和民间资本大量涌入的结果。杨元珍把“租赁经营的民宿称之为社会民宿”[②]，所谓社会民宿主要是指由社会投资者，如私营企业、企业集团等投资建设和经营的民宿。目前，相当多的民宿是属于这种类型，产生这种现象往往是因为投资者受朋友或他人影响，通过模仿复制加入这个行列。随着越来越多的投资者进入这个领域，民居所有者坐地起价，租赁价格一路上涨。

如果一栋民居租赁到期，房东在续租时候必然涨价。关键问题在于，不少民居租赁期限比较长，往往一签就是 20 年。随着周围民居租赁价格上升，房东想要涨价自然在情理之中，于是往往会和民宿经营者协商更改合同，一旦协商不成功产生冲突就难以避免。这种情况的发生在城郊与乡村更为普遍，源于这些地方法治环境并没有健全和完善。随着民宿日益成熟，这种现象下隐藏着的问题更加尖锐突出：所有权和经营权的分离，造成租金剧烈波动，大大影响民宿发展的持续性，不利于民宿长期可持续发展。

此外，民宿租赁协议的不规范也是导致纠纷的原因。一位在大理客栈联盟做法律援助的人士说，丽江民居有不少所有者与经营者在租赁合同签署的时候，和房东的关系感觉比亲兄弟还好，还亲切。推杯换盏之间，似乎所有的问题都解决了。但是在未来出现问题的时候，房东在利益面前表现出的趋利特征让很多人都难以接受。有一则极端的案例就是：“在云南洱海边的一个客栈，租期为 20

① 新浪财经．现在还能民宿创业吗？看看这份 2019 城市民宿创业数据报告［EB/OL］．(2019-5-27)［2023-11-16］．https：//finance.sina.com.cn/roll/2019-05-27/doc-ihvhiqay1658911.shtml．

② 杨元珍．对民宿发展的几点思考［N］．中国旅游报，2016-09-27（03）．

年，一次性支付全部租赁费，合同价值在180万元以上。但当双方出现纠纷的时候，人们发现这个客栈的租赁合同竟然签署在一个烟盒上，一个用内页一个用外页。双方在完全信任的情况下签署合同，在信任完全破裂的情况下需要法律援助。但是，这个时候法律面对的只是涂在一个烟盒上的潦草文字，真的是让人无言以对。”①

由此可见，经营权与所有权分离下的民宿要维持良好的运行状态，除了制定较为严格的合约，还需要靠信任来维持，如张维迎提及的，“当我们在市场上进行交换时，我们缺乏专业的购买知识，属于非专家购买”②。例如，当我们购买家用电器时，我们往往基于对电器生产厂商的信赖，是对厂商承诺的一种买单行为。供需双方的这种失衡源于信息的不对称。所谓“信息不对称”是指交易中的一方可以知道的信息而另一方却不知道。卖方知道产品质量，而买方不知道。当事人不欺骗对方而兑现完全的承诺，即诚信。如果签订民宿协议的双方不讲信誉，那么在市场发生变化的时候，就可能产生违约。这种违约往往是机会主义者看到有利可图，就背弃原来的承诺，在惩罚机制不起作用的时候，这种违约的冲动就更加明显。这就使得民宿的发展前景难料，经营者缩手缩脚，无法做大事业。这恰恰印证了缺乏信誉便可能提高交易成本的事实。

人的行为是由预期市场支配的，产权是通过自己预期而影响人的行为的。即使一个人有法定所有权，但如果他预期到随时可能被剥夺这种所有权，他们就会觉得自己的财产没有得到可靠的保障，难以成为真正的主人。由于社会意识形态和政府管理方面的原因，企业一旦丧失安全感，没有一个稳定的预期，其行为就会短期化，不可能为建立信誉而投资。

（三）农村民宿的产权难题

农村民宿的产权有一部分涉及集体所有权，所以情况就更加复杂。在农村地区产权改革中，农村宅基地改革最为独特、最为敏感、牵涉面最广。

我国很多的农村地区，因村民外出打工，家里的老房子就成了空置房。据浙江桐庐县相关部门在2014年的调查，“全县97474户农户中，有闲置住宅、废弃住宅的就有10532户，占到总户数的10.8%。在部分偏远山村，随着村民陆续‘下

① 佳乡民宿．民宿主如何和政府（房东）只相爱不相杀 [EB/OL]．(2016—08—30) [2023—11—16]．http：//mt.sohu.com/20160830/n466686955.shtml.

② 张维迎．产权、政府与信誉 [M]．北京：生活·读书·新知三联书店，2001.

山’，常住村民日渐减少”。[1]

如何合理合法使用这些空置房打造民宿，牵涉宅基地集体所有权结构以及宅基地农户资格权的问题。这方面的典型案有北京通州区宋庄的农户产权纠纷。宋庄的乡村景色十分美丽，画家李玉兰在此写生时对此产生了浓厚兴趣，想在此购买农房作为画室。2002 年，李玉兰一家人从河北迁居宋庄，他们看中了辛店村的一座院落。李玉兰买下后就对农家小院实施艺术改造，这也吸引更多的艺术家进行模仿。因此在很短的时间内，就有 200 余名艺术家在宋庄购买农房定居。

四年之后，宋庄被批准为宋庄文化创意产业集聚区，同时被确定为北京十大文化创意产业集聚区之一，农村建房合同纠纷也开始爆发。2015 年，20 多名画家收到村民起诉书，村民依据“城里人不许购农民房”的政策，要求画家退房。2016 年终审判决维持原判，画家李玉兰应在规定时间内腾退房屋，村民马海涛支付赔偿金。终审中认定：宅基地使用权是农村发展集体经济的权利，集体成员才可以享有该权利，马海涛与李玉兰所签的协议书包含相应的宅基地使用权，但该使用权迄今未变更到李玉兰名下。根据我国现行土地管理法律、法规和政策，合同是无效的。

画家购房大部分是为了做工作室，仅有一部分作为民宿。不管出于何种用途，画家购买村民农房触及宅基地集体所有权与宅基地农户资格权问题。依照《中华人民共和国物权法》以及 2021 年 1 月 1 日起实施的《中华人民共和国民法典》的规定，宅基地使用权人依法享有集体土地使用权的相关附属权利，可以依法建造住宅及配套设施。宅基地使用权的取得、行使和转让，适用土地管理法等法律和国家相关管理规定。

住宅与土地不可分割。虽然我国大部分地区的农民领取了房屋权属证书，但是宅基地使用权的主体只能是农村集体组织的成员。土地使用权只能由土地使用权人行使，任何组织或者个人不得侵占。宅基地使用权如果要进行有效转让，其转让行为应获得本集体组织同意，且受让人为同一集体组织内部成员。此外，受让方必须是没有住房和宅基地，并且没有违反土地使用权出让限制规定。依照我国相关行政管理的法律法规，禁止城镇居民购买宅基地。国务院“关于深化改革严格土地管理的决定”强调，要加强农村宅基地管理，禁止城镇居民买卖农村宅基地。2019 年修改的《中华人民共和国土地管理法》规定，任何单位和个人不得侵占、买卖或者以其他形式非法转让土地。但土地使用权可以依法转让。

---

① 李婧．在路上的民宿创客：痛并快乐着 [N]．中国文化报，2015-11-21 (01).

故此，利用农村民居作为民宿的，只能通过民居租赁获得使用权，不能从根本上变更所有权。这对于单个农村民居来说，只要不牵涉“农户宅基地资格权”，对民居的改造只要属于合理范围就都是允许的。然而，牵涉到大片土地的建设改造就涉及相关权益问题了。

四、通过政策与法律的完善破解难题

（一）民宿产权问题的破题

早在2009年，中国农业大学经济管理学院的张正河教授和他的助手们就对我国乡村土地使用情况进行了大规模调查：“对河南省、湖北省、安徽省的广大乡村进行抽样调查，调查了8330个农户，掌握了这些地方宅基地使用情况。数据显示，这些被调查的村庄闲置土地与宅基地约占所有调查面积的18.6%。这个数据有点触目惊心，说明宅基地的闲置浪费相当严重。假如我们比较保守的估算，只要闲置的比例达到10%，那么全国2亿多亩（1亩≈666.66m^2）农村宅基地就可能有2000万亩没有被充分利用。”①

在政策与法律尚不完善的情况下，一些地方先试先行，在对闲置农房改造利用上进行大胆尝试与大幅跨越。浙江桐庐探索社会闲置农房的流转问题就是一个典型案例。桐庐县的空余农房的利用模式通常经历三个步骤：村集体组织对空余农房进行收回或收购；农户在得到补偿的情况下，自愿放弃宅基地使用权包括其附属权利；村集体组织将空余农房进行租赁，与承租人签订租赁协议，租赁期限一般是20年。如果说浙江桐庐的这一探索属于大胆尝试，那么四川成都的做法就是通过出台政策进行大规模推广。

2016年，成都市出台了《成都市农村宅基地管理制度改革试验专项方案》和《成都市农户宅基地使用权退出改革试验专项方案》，探索农村集体土地有偿使用制度，希冀可以激活农村产业不断发展，推动农民财产性收入不断增加。根据方案，对于退出宅基地的农民，无论是否已经进入城镇定居，政府及村集体都给予相应的优惠政策和一定的经济补偿。这些宅基地如果有附属设施以及建筑，也根据情况进行评估与补偿。这些举措以有偿使用的经济方法与手段刺激、鼓励出去务工或到外地生活的村民退出宅基地，对宅基地产权进行置换与流转，从而增加

① 葛如江，杨玉华．土地供应新思路：整理农村住房让耕地不再“吃紧”[EB/OL]．(2019-01-23) [2023-11-16]．http：//www.jjckb.cn/gnyw/2009-01/23/content_140262.htm.

对农村闲置农房的利用。

宅基地这种自愿退出以及由集体给予补偿的方法，实际上是对农户宅基地资格权的赎买，特别是农户居住的古建筑，具有一定历史价值，农户往往不愿意自愿退出。如何在权利之间求得平衡就至关重要。香港特别行政区景贤里的例子很值得我们借鉴。景贤里被业内专家认定为华南地区保存得最好的岭南文化风格大宅，这座大宅已有 80 多年的历史。当业主准备拆除另建新楼的时候，当地政府通过产权置换，花费巨资进行购买并制定景贤里项目的保护性开发方案，争取让市民和游客可以在此逗留。此举既保证了业主的权益，也留下了能够回味欣赏当地文化的建筑与记忆。这种通过土地置换的方式解决古建筑产权的问题，很值得我们去深入研究。

总之，这些地方的率先探索给政策的制定提供了很好的示范。从 2015 年开始，经全国人大授权，中华人民共和国国土资源部牵头在全国选取 34 个县进行经营性集体建设用地入市、征地管理制度和宅基地相关制度体系改革的试点。2019 年中央一号文件《中共中央国务院关于坚持农业农村优先发展做好“三农”工作的若干意见》进一步提出闲置宅基地的试点要求，允许在全国范围内整治闲置的农村校舍、厂房和废弃土地，盘活建设用地，主要用于扶持农村新产业新业态以及返乡创业。这给了集体或国有民宿大规模开发创造了前所未有的新机遇。

但民宿产权的真正破题之举，应该是 2019 年 4 月份发生在四川成都彭州的民宿产权证颁发。该地方首次对民宿产业项目进行农村集体建设用地使用权登记，颁发 40 年不动产权证。彭州是农村宅基地管理制度改革试验区和农户宅基地使用权退出改革的试验地区。在积累了先期经验的基础上，他们通过宅基地腾退，获得该区域内的建设用地所有权和流转土地使用权，然后对民宿从业者实现“点状供地”，符合要求的投资人可通过转让取得目标土地的产权。2019 年，彭州磁峰镇已完成农户宅基地自愿腾退 13 宗、6432m^2，村集体建设用地有偿流转 1 宗、1162m^2。业界普遍认为，成都彭州的举措是应对民宿经营头号难题的破题之举。

其具体运作方式是彭州市文旅公司通过挂牌交易完成项目的宅基地腾退，拥有该区域内的建设用地使用权和流转土地的使用权。符合要求的投资商可从市文旅公司处转让以取得目标土地的产权。例如，截至 2019 年 4 月，成都市鹿野小院旅游开发有限公司一口气拿下 3 宗土地，这 3 宗土地位于磁峰镇石门村 6 组，分别为 328m^2、317m^2、564m^2，用途为商业服务性用地，使用期限从 2019 年 1 月 28 日至 2059 年 1 月 28 日，整整 40 年。据介绍，这 3 宗地此前是 3 户村民的宅基地，由于 3 户村民均以留守老人为主，因此在乡镇政府、村委会的牵线和协调下，村民自愿腾退宅基地，确权到集体，再由集体建设用地挂牌转让。最终，成都市鹿野小院旅游开发有限公司以63万元的价格拿下这3宗地，成为真正意义上的民宿业主。后来该公司又决心在此基础上再陆续拿下6宗土地，以产业园的方式来发展民宿产业。民宿产权破题之后，国内民宿排名前50的10余家品牌民宿如浮云牧场、拾光、上山上、小茶院等纷纷入驻彭州。例如，彭州市葛仙山镇乐江村出现的一家“果徕咖啡庄园”，该庄园就是投资者利用两户农民退出的宅基地兴建的，同时还购置了这处宅基地旁边的坡地，进行整理后重新塑造。

在携程网上，该庄园这样介绍自己：“历时两年匠心打造，集特色民宿、中餐、西餐、精致甜点、现磨咖啡、品茶、宴席、会议等功能于一身，整体外观以及格局颠覆了传统的固有观念，一砖一瓦、一草一木皆是即兴之作，实事求是的需求和田园乡村古堡的理念成为一切设计灵感的来源。”有游客点评称：“最好的酒店民宿就是可以带上自己的宠物入住，这给出来旅行的人带来的不仅仅是方便，还有愉悦的心情。”也有游客留言说：“喜欢安静悠闲，可以选择与朋友聚会等，咖啡庄园感觉特别有设计感，品质也不错，住宿房间挺大，使用的用品也挺好。”这些都得益于民宿产权的破题，有恒产者有恒心，这也推动民宿主经营好自己的民宿，培育出精品民宿。现在这个庄园俨然已经成为当地一个有特色的景点。

实际上，要真正解决民宿产权问题还面临很多难题。2020年4月，我国出台《中共中央国务院关于构建更加完善的要素市场化配置体制机制的意见》，提出要推进土地要素市场化配置，明确了集体建设用地和城市国有建设用地的一体化问题，建设统一的、规范化的用地市场体系。同时提出，要加快修改完善土地管理法实施条例，完善相关配套制度，制定出台农村集体经营性建设用地进入市场的规制。这个意见的出台对于民宿发展意义巨大。

（二）加强产权方面的三权分置

浙江诸暨有一家浙江米果果生态农业公司，该公司打造的米果果田园综合体总投资4亿多元。“米果果”的崛起得益于土地的三权分置。“米果果”所在的诸暨山下湖镇解放村是一个以水稻种植为主的传统农业村，共有村民1110户3045人，有耕地3700多亩。该村通过组织变革，以股份制形式把分散在一家一户的土地流转起来，共流转3082亩土地给“米果果”。其具体运作方式为村里成立股份经济合作社，村民把土地经营权折合成股份入股，合作社与米果果签下土地流转协议，并成为“米果果”的股东，占据股份总份额的十分之一。在村民可以得到保底收益的基础上，享受利润分红。与此同时，为了保持公司经营的稳定性，签订了长达 40 年的合约。“米果果”则立足多样化经营，发展生态农业，深耕田园经济。公司除了种、养殖火龙果、珍珠、天鹅，还成立了浙江省澳洲淡水龙虾良种选育繁育中心，进行良种选育、种苗繁育、生态养殖、技术服务及示范推广等。米果果以这样的经营方式，每年可为本村 50 岁以上的村民提供工作岗位至少 180 个，给当地百姓直接工资超过 700 万元，示范带动当地和周边 1200 多个种植场户，为农村剩余劳动力增收。

富有浙江精神的浙江人较早就实行了集体所有权、农户承包权和土地经营权三权分置的制度，并早在 20 世纪 80 年代就已经取得了一定经验和成果。温州绍兴等地的农民较早就提出并实践发展土地承包制，翻耕那些抛荒的农田。到 20 世纪 90 年代，一些农户发展成为种粮大户，更多责任田的经营权转到这些大户手中，推动了土地集约化发展。以种粮大户为代表的规模经营成为农村承包经营的杰出代表。从 2015 年起，浙江省进行全面的农村地区土地承包经营权确权、登记、颁证工作，土地承包权的用益物权得到全面落实与体现。

浙江省三权分置的主要模式是租赁承包型。具体来说，它有两种不同的操作方法。第一，租赁者直接与农户签订租赁协议。这就需要租赁者与不同的农户进行协商，假如租赁的面积比较大，需要面对大量不同的农户，耗费大量时间精力进行沟通与谈判，签订的协议不一，交易成本非常高。第二，通过村集体组织进行租赁。双方通过村集体组织，可以大大简化交易环节：农户把闲置的土地委托给村集体，村集体代表这些农户与租赁者签订协议。这种做法比之于前者，可以大大降低交易次数，节省交易时间。其不利的一点是，比较难以控制土地流转后的经营用途。其补救措施之一是通过协议明确规定不得改变土地用途。

除了租赁承包型，还有就是股份合作型。股份合作就是从租赁关系转变为投资合作关系，其操作方法是把土地经营权进行作价，建立专业合作社之类的中间组织进行经营。农户可以从中得到分红，如果参与具体管理或者提供服务，还可以得到劳务报酬。浙江政府的这些尝试为浙江农村宅基地三权分置创造了很好的条件，也为解决乡村民宿的产权问题开辟了新天地。

为此，中央农办农业农村部 2019 年一号文件提出了农村宅基地制度改革的一系列要求，提出按照三权分置来深化农村土地制度改革。文件提出，要完善集体所有权的落实，实现农民承包权的稳定，建立放活土地经营权的政策体系。通过妥善处理各类纠纷，在土地确权以后，将土地承包经营权证书发放至农户手中。

《中华人民共和国民法典》明确规定，“土地承包经营权人可以自主决定依法采取出租、入股或者其他方式向他人流转土地经营权”。

这一办法实际上是通过市场化方式对乡村集体用地进行改革，而在这个环节中，经营权与所有权的分离是前提。农村宅基地的所有权仍然属于集体，其使用权可以进入市场转让。农户是集体组织内部的成员，拥有特殊身份的资格权，这个权力不可以转让给他人，但可以选择放弃。这种变化，强化了承租人对土地享有的使用权，它不同于租赁权，二者的区别是产权与债权的差别。作为产权的土地所有权具有抵押功能，权利拥有者可以此为抵押物从银行获得贷款，而债权则行不通。长期稳定的租赁关系以及融资便利为民宿的规模化、集聚发展提供了可能。

农村宅基地三权分置的权利结构仍然存在许多法律问题需要解决，如集体土地所有权的确权、登记、颁证，无疑是该权利构架的基础。另外，还要注意的是，农村闲置农房的改造利用，既要落实土地的集体所有权，也要确保农户及相关主体权益。凡村民自动放弃农村宅基地资格权，必须将宅基地退回农村集体组织，农村集体组织可依法有偿收回。以其他形式流转宅基地使用权的，应当向农村集体组织备案，切实保障农村宅基地的规范使用。对于重新收回的农村宅基地，农村集体组织有权将其重新发包给未获得宅基地使用权的集体成员，也可以以自行开发、入股、租赁、抵押等形式放活宅基地使用权，确保宅基地的高效使用。涉及农村宅基地所有权、农户资格权等重大事项调整的，必须实行农村集体组织成员大会或者村民代表会议等议事决策程序，切实保障农村集体组织成员的知情权、参与权、决策权、监督权。

（三）进一步完善土地法律规制与政策

民宿新业态的出现往往离不开土地政策的变革，“国奥乡居”项目就是典型的案例。2014 年北京国奥集团入驻北京怀柔区田仙峪村，通过流转村中的闲置房产，在该村建成北京首家农村休闲养老式社区。北京国奥集团在田仙峪村共流转和改造了院落 30 处，供市民养老使用，这些院落从 2014 年 7 月开始建设，至 2015 年 4 月建成，2015 年 5 月正式启用。

这个项目可以说是共享经济、“民宿 + 养老”“民宿 + 休闲度假”等新业态的合体，激发了乡村旅游的活力。“国奥乡居”以“民宿 + 养老”方式构建的养老社区，就是按照三权分置原则，采用农户合作组织的运行机制，它体现在土地集体所有权的前提下，农户具有使用权，合作组织具体进行经营，政府提供管理服务。

根据创行合一旅游规划设计院的设计，这个社区的33座院落，均以“老”开头命名，如老画家、老农民、老酒友、老棋友等。独门独院的京郊民宿，外观古色古香，内部装修考究，生活设施现代化，既有古韵风情又方便舒适。除此之外，还建设社区综合服务中心，内设公共食堂、休闲酒吧、餐吧、洗衣房等公共服务设施，配备卫生所，可以持医保卡就医，实施煤改电工程，有政府补贴，冬天采暖用电。

浙江绍兴的农村土地产权改革也走在全国前列。在此基础上，民宿新业态的诞生以及定位战略都比较成功。例如，创建于20世纪80年代的稽山集团是一家融合工贸实业、置业建设、金融投资于一体的集团公司。2014年，稽山集团斥资10亿元在绍兴平水兰若寺区域启动平水养生谷项目，总面积1180亩，其中租用或征用面积960亩，以出让方式取得土地216.5亩，保留原农保地不变。该项目引进著名酒店管理公司“裸心酒店管理集团”进行合作和管理，结合滨水民居与当地丰富植被开展康体养生、酒店疗养等服务项目，以打造高端民宿。

在这之后，浙江绍兴以更加大胆的举措推进闲置农房的利用，2018年把实施“闲置农房激活计划”作为一号文件颁布。文件要求各区（县）发挥敢为人先的改革精神，把闲置的农房利用起来，开发多种途径，为我国农村闲置房屋的激活提供“绍兴方案”。该计划的主要目标是用数年时间，把闲置的农房利用起来，吸引大量社会投资者加入，激活大量包括民宿在内的乡村旅游项目，实现村民的分红以及劳务报酬的提升。这些举措有助于推动绍兴民宿成片发展的经济态势。

可见，土地立法与政策变革可以带来民宿业态与组织形式变迁。一些地区善于利用土地政策变化的环境发展民宿或抢先进行制度变革获得发展先机，类似共享农庄、精品民宿、高端民宿等新业态、新产品才会不断涌现。目前政策变革往往先于法律修订，涉及土地权属很多方面的法律需要进一步完善，以及颁布实施细则。正是基于此，上一节提到的全面完善、修订相关民宿立法，必然包括民宿产权方面，如《中华人民共和国农村土地承包法》《中华人民共和国担保法》等的修改完善，可以破除民宿发展的制度性障碍，真正让民宿获得可持续的发展。

第三章　现代民宿品牌营销策略

随着国民经济的持续增长和旅游业的蓬勃发展，我国民宿产业迎来了黄金发展期。在这个竞争激烈的市场环境下，现代民宿如何制定有效的营销策略，提升品牌知名度和市场份额，成为行业发展的关键问题。本章主要介绍了现代民宿的品牌策略及问题对策，“互联网 +”时代的民宿场景营销策略。

第一节　现代民宿的品牌策略及问题对策

一、统一品牌策略、多品牌策略、母品牌加子品牌策略

（一）统一品牌策略

菲利普 · 科特勒（Philip Kotler）等在分析一些公司采用通用品牌伞成公司品牌名策略时认为，“许多公司如美国亨氏和通用电气，在其整个产品范围中都将公司品牌作为一种保护伞品牌使用，这种通用品牌伞的开发成本更低，因为公司不需要进行‘品牌名称’研究或支出大量广告费用创建认知。美国金宝汤用公司品牌名推出新汤料，这不仅非常简单而且能很快获得认知。如果制造商的名字好，新产品的销售就可能非常强劲”[①]。

在民宿发展早期，其单体规模小，因此一些民宿主人在取得最初的民宿经营成功后，新办的民宿往往会沿用以往品牌，以便可以快速让人们知晓。一般来说，民宿品牌大多采用统一品牌策略。例如，定位于村落生态民宿的爱好者的“原舍”

① 科特勒，凯勒．营销管理[M]．王永贵，于洪彦，何佳讯，等译．上海：格致出版社，2012．

品牌，建立于2011年。“原舍”品牌建立半年时间就先后开发了全国10个凋敝的空心村子。创始人朱胜萱通过对浙江德清县庾村废弃的溪北小学进行改造，建立了原舍的第一家店原舍·望山。从2011年到2018年的7年时间里，原舍已经遍布江南一带和云南地区，在7座城市中，一共拥有14家门店。其“原舍”的民宿品牌延伸还在继续。尽管后来原舍有很多分支品牌，但都统一冠以“原舍”这个品牌名称。正如菲利普·科特勒等的研究显示，创新、专业以及可靠的公司形象联想会直接影响消费者的评价，公司品牌化策略能给公司带来更多的无形价值。这就是“原舍”采用品牌化家族策略的初衷。

（二）多品牌策略

按照菲利普·科特勒的定义，所谓多品牌策略，是指公司在原有产品中推出另外的品牌。采用多品牌策略原因在于：第一，多品牌策略为改变产品特征和适应不同的购买动机提供了方法。美国宝洁公司经营九种不同的洗衣粉，分别针对不同细分市场。第二，多品牌策略也使制造商能占领更多的中间商的货架。有时公司为了保护自己的主要品牌，往往会采用许多个保护性品牌来形成保护。例如，日本精工公司用不同的品牌名称来命名它的高价格产品和低价格产品，以保证精工品牌的侧翼不受攻击。有时公司兼并掉一个竞争者，却要继承竞争者的品牌，这是因为每个品牌都有自己的崇信者。第三，公司可能因为目标国家和地区不同，而推出不同品牌，其目的是适应不同的文化和语言。例如，宝洁公司以汰渍牌洗衣粉统治着美国的洗衣粉市场，各种形式的汰渍牌洗衣粉约占美国洗衣粉市场31%的份额。在欧洲，宝洁公司以碧浪牌洗衣粉领导潮流，年销售额为15亿美元，是仅次于可口可乐的“有包装和品牌”的产品。

“花筑”品牌是旅悦集团的主打品牌。“花筑”品牌目前在海内外已开业门店47家，待开业还有67家。在实施统一品牌策略的同时，花筑面对不同消费群体，又细分为多种品牌，包括花筑城市、花筑·悦、花筑·奢等，这些不同的品牌有着各自不同的服务标准。

创始于浙江德清莫干山的大乐之野也是非常典型的案例。大乐之野取材于《山海经》的传说，本意是“被遗忘的美好之地”。作为大乐之野的联合创始人唐国栋希望人们来到大乐之野时，能够在星空下安然入梦，不用想工作的繁忙；能够在赏景时小酌，而不是为了提神点一杯咖啡；能够吃到还沾着露水的新鲜蔬果，不必在上班路上匆忙买一份早餐。

最初，他们只租用了一幢民房做改造。到2013年改造完成后，原先的老宅子内已配有室内温泉池、中央空调、壁炉、餐厅、现代化厨房等设施。这幢被叫作“一号楼”的别墅有四个房间，唐国栋和朋友们常常来此相聚。此后，唐国栋与几位合伙人各司其职把全部的精力都投入民宿创办中，于是在“一号楼”的旁边，唐国栋和另外几位合伙人又陆续改造了五栋农宅，同时建起了配套的餐厅和咖啡厅。

大乐之野由此闻名。此后，唐国栋和另外几位合伙人跑遍北京、重庆、广西、云南、厦门等地的30多个特色民宿，在浙江安吉、桐庐等地为更多人提供符合当地人文的“被人遗忘的美好之地”。实施多品牌发展策略的大乐之野仍然坚持“小而美”的共性，还依据不同地理位置和当地环境，做出水上瑜伽体验、麦田书店、亲子乐园等各具特色的设计。

浙江宁海九熹·大乐之野由一处老粮站改造而来。宁海县胡陈乡的大麦塘粮站，始建于1956年，经历了1989年的大修，已经有60多年历史。这里曾经是当地热闹的粮食储藏和供应站，之后慢慢淡出并长期处于闲置状态，经设计师的精心规划与设计后，这个废弃的粮站又重新回到了人们的日常生活中。在农耕文明中，粮食的生产和储存都十分受人们的重视，粮站的设立也有着不同的功能。该民宿定位于体验农耕文化，拥有餐厅、会议室、客房、书吧、粮仓文化展示区等多个功能区，既完整保留了过去粮站的旧风貌，又在这个基础上进行与整体风格一致的改建，如原粮站工作人员的办公室，曾经改造成接待区和会议室，但建筑风格与粮站整体风格迥异。设计师考虑再三，决定将其拆除重建，重建的建筑与环境相互呼应，同时也满足了会议功能的需求。

有客人点评说：“我住的是仅有两间的阳光房。室内十分有趣，采用了全石制的地面，潮流又不入俗套。有那么一个瞬间，我误以为自己身处海岛度假。”也有人这样评价，“整体的软装和建筑风格都偏向简约的北欧风，和朋友的房间正对面，在一个大院子里，夜晚抬头是满天的星星，舒服得让人不想回家”。

江苏昆山大乐之野·锦溪店与浙江宁海九熹·大乐之野店的定位完全不同。这种不同不仅仅体现在建筑材料运用上，还体现在建筑的特色上。大乐之野·锦溪店通过运用新材料对上海周边水乡进行一种全新的诠释，其建筑表达了探索适合新型民宿的材料和建构语言，采用石棉瓦和束柱等非传统民居的建筑方式。居住区四个房子各自独立，可分别出租，四个房子的占位经过仔细推敲，各有独到的院落景观。临建面临大面积麦田，景观良好，公区设计中尽量将室内空间打开，并创造了大量室外覆盖空间，鼓励人与自然之间的交流。

大乐之野·锦溪店建构的人文特点是慢生活。这对于久居上海都市的人来说，具有很好的吸引力，契合快节奏生活下的人们的心理需求。

多品牌策略也有其缺陷。在多品牌策略下，有可能造成品牌相互残杀。多品牌还会牵涉投资，因为相比一个品牌，推出两个品牌在广告宣传上就会增加一倍费用。如菲利普·科特勒所言，如果推出的几个品牌的市场份额都不大，而且没有一个特别能盈利时，公司可能会取消多品牌策略。

对于民宿而言也是如此。民宿单个规模不大，品牌太多可能占用大量资源，也不利于发挥资源整合优势。遇到这类情形如何处理？菲利普·科特勒曾说，如果发生这类情形，公司应当撤掉一些品牌，以便设法找到新的品牌。理想情况下，公司应该能消灭竞争者的品牌，而不影响自己的品牌，多品牌策略应该能带来更大的利润，即使有时会影响自己公司的产品。

（三）母品牌加子品牌策略

“多品牌家族”与“家族品牌”使用单个品牌名或单独家族品牌名也称为“多品牌家族”战略，而采用公司品牌名称为“品牌化家族”战略。这两种战略代表了品牌关系连续体的两个端点。子品牌结合了两个或更多个公司品牌、家族品牌或单个产品的品牌名称。故此，子品牌战略介于两者之间。在产品中使用子品牌源于以下原因：公司名称能够为新产品取得合理地位，而单个名称能够使其更为个性化。

上例中的花筑、原舍、大乐之野等实际上也都采用了这种策略。从原舍后来的品牌战略看，其命名都采用统一品牌加子品牌策略。例如：浙江莫干山有原舍·望山、原舍·依田，江苏苏州有原舍·云泉、原舍·翕厢，江苏南京有原舍·平湖、原舍·卿水，江苏昆山有原舍·阅水、原舍·祝甸、原舍·童甘，浙江衢州有原舍·立春、原舍·源溪，云南元阳有原舍·阿者科、原舍·慕拉雅，云南建水有原舍·东城外等。此种命名方式往往依赖于子品牌的哪种成分更受重视。

朱胜萱在民宿品牌运营中实施多种品牌策略，其品牌策略线路沿着“原舍”与“乡伴理想村”这样的“多品牌家族”发展。他以定位于村落生态民宿的“原舍”和定位于儿童教育娱乐的“绿乐园”等为主力，继续进行品牌拓展，并结合新的零售体验板块，立足本地文化，构建定位于田园生活综合体的品牌“乡伴理想村”。其中江苏省的“乡伴理想村·计家墩”“乡伴理想村·苏家文创小镇”等十几个项目成为江南一带全域旅游以及特色小镇的标杆。2017 年乡伴文旅集团进入云南发展，在云南进行品牌延伸。截至 2020 年 12 月，乡伴文旅集团投资运营的项目约横跨11个省份，包括23个理想村，22家原舍等，“原舍”与“乡伴理想村”再添新成员，“多品牌家族”日益丰满。

二、品牌联合策略

品牌联合是把不同品牌资源加以整合，从而创造出新的品牌优势。品牌联合对于联合主体来说，可以打造多赢局面。首先，品牌联合有助于巩固原来的市场。联合前的品牌在原市场就拥有固定客户，品牌联合后对于原市场可能更具吸引力。其次，品牌联合有助于拓展新市场。品牌联合可能吸引新的顾客，创造新的需求。品牌联合进入新市场往往属于品牌延伸战略的实施路径，遇到市场阻碍的情况大大降低，增加品牌联合成功的可能性。最后，品牌联合相互增益，能够实现不同品牌相互弥补、相互作用的功效，可以增强企业竞争力，成为企业发展新的增长点。

2018年12月“乡叙”与“大乐之野”的联合就是民宿业典型的品牌联合策略的实施案例。“乡叙”隶属于宁波市旅游投资发展有限公司旗下宁波乡旅投资开发有限公司，是宁波首个精品民宿品牌。“大乐之野”前面已经提到，是浙江民宿行业的先驱品牌。它们二者的结合，不仅是两大品牌的强强联合，也是宁波经验与浙江经验的融合。双方融合产生的成果之一是“乡叙｜大乐之野 · 勤勇”项目，它是“勤勇田园风情小镇”项目的先发板块。项目总规划面积约$8km^2$，核心区面积约$1km^2$，由大寨田园、大寨文化、禅养山居等板块组成，这个项目有助于把勤勇村打造成为乡村振兴鄞州样板区。

品牌联合策略立足于战略联盟理论。战略联盟是不同的经营主体通过合作建立长期关系，这种合作可以是为了共同占有、开发市场或共同运用资源，以增强自身的竞争能力。战略联盟内的企业可以保持相对独立性，其合作往往是有限合作，运用契约相互约束，在契约之外仍从事各自的独立活动。实际上，联盟体本身就是一种竞合关系，也不一定长期稳定，当任务完成或契约到期，联盟自然解散。

民宿的联盟体较多属于服务和营销的联盟，联盟各方共同制订市场开拓计划或促销计划，进行统一公关、广告或市场营销，一方面可以节约成本支出，另一方面比单个个体更容易引发市场注意与重视。此外，联盟体还有对称与非对称之分。对称的联盟体是参与联盟的个体在某些方面的利益是共同的，形成合力比较容易，非对称的联盟体可能从事不同领域，有着相互不同的诉求，虽然他们的联合可能会遭遇阻力，容易产生较大摩擦成本，但如果双方合作顺利，也能产生很好的互补效应。“乡叙”与“大乐之野”的联合属于“对称联盟”，双方都深耕于民宿领域，成立一个新的经营项目来开发新的业务。通过对称联盟关系，企业战略联盟能够降低交易成本，创建更大的优势。

民宿如何通过不同品牌间的联合获得更大的品牌优势呢？品牌联合有两种形式：一种是属于同一层次的品牌；另一种是属于不同层次的品牌。范志刚和吴晓波通过研究认为，“两种不同形式会影响到联合之后的品牌效应和这些品牌是否属于同一层次，以及是否相似或者相异，从而影响人们对参与品牌联合的子品牌的印象与评价。这种影响可能会追溯到品牌联合之前，也可能影响到品牌联合之后”[①]。可见建立一个合理的品牌联合评价体系十分重要。品牌联合从其结果来看，有可能产生“1+1>2”的效果。任何一个品牌在消费者的头脑中都会占据相应位置，如果消费者意识到联合后的品牌对于原来的品牌是可以相互彰显其优点的，那么对于最初品牌的印象就会改观，产生不同品牌结合后的品牌增强效果。但假如两个品牌结合后比较难以统一品牌形象，就容易造成不同品牌间的摩擦，那么可能增大这种结合的交易成本，带来不好的品牌体验。

三、品牌连锁化策略

迈克尔·波特（Michael Porter）曾经认为“服务业多数属于零散型产业”[②]。民宿是比较典型的零散型行业，在民宿行业里，大多数是小微民宿，特别是在乡村地区，它们相互竞争，没有一个民宿可以主导其他民宿，大家按照自己的意志行事。迈克尔·波特对零散型产业没有做出数量方面的认定，假如说整个产业活动没有一个市场主导者去影响整个市场，那么就符合零散型产业的特征。也有学者认为，如果一个行业前面4位的市场占有量不足40%，就属于比较典型的零散型行业。

零散型产业最大的问题是无序，因此，克服这种无序是零散型产业的主要任务。迈克尔·波特运用营地和快餐业连锁案例分析这些行业的运作，认为“特许经营权可以克服零散经营的状态，快餐业中的麦当劳、必胜客就是这样做的”[③]。品牌拥有者通过授予经营权让其他组织加盟，便于统一采购与宣传，可以大幅提

① 范志刚，吴晓波．对企业品牌联合战略的认识与思考［J］．商业研究，2009（4）：21—24．

② 波特．竞争战略［M］．陈丽芳，译．北京：中信出版社，2014．

③ 波特．竞争战略［M］．陈丽芳，译．北京：中信出版社，2014．

升服务水平与规范化程度。连锁经营的模式可以影响规模经济，起到降低成本的作用。

近年来，酒店业品牌连锁趋势明显。经济型酒店和中端连锁酒店的数量在最近几年来持续增长，截至 2018 年初，我国有限服务连锁酒店（包括经济型酒店和中端酒店）总数已达到 35963 家，其中中端连锁酒店 3519 家，经济型连锁酒店 32444 家，而在 2012 年，经济型和中端连锁酒店总额仅为 9924 家，五年间总数增长了 26039 家，呈现三倍以上的增长。产生这样快速地增长是因为连锁酒店受益于规模化经营，效益普遍优于单体酒店，而且近年来，在线旅游行业集中度逐步提升，由于单体酒店在客源方面更依赖于 OTA 的线上导流，两者议价地位的悬殊导致单体酒店需要支付给 OTA 更高的通道费用，极大地压缩了利润空间，进一步推动单体酒店转型加盟，使得连锁品牌占据酒店行业的领先位置。虽然我国连锁酒店行业规模一直以来都以较快速度增长，但我国酒店行业整体连锁化率不到 20%，单体酒店仍占据行业的主要部分，整合工作仍具备较大提升空间。对于发达国家酒店行业而言，由于起步早，行业发展更为成熟。据全球最大的酒店数据库（STR）数据，早在 1990 年，美国酒店行业的连锁化率已达 46%。2016 年底以后，美国酒店行业连锁化率保持在 70% 左右，高出我国 3 倍之多，由此可见，未来我国酒店行业连锁化率仍有较大提升空间。

在这样一种酒店业竞争态势下，越来越多的民宿开始选择品牌连锁经营与集群化发展，成为产业新趋势。2014 年，携程战略投资的客栈连锁品牌久栖成立，从西塘起家，久栖在乌镇、杭州、厦门、宏村等地建立连锁加盟门店超过 200 家，在 2016 年度酒店业影响力品牌大会上，“久栖”品牌荣获“十大客栈民宿影响力品牌”的荣誉。久栖根据区域情况设定不同的标准，在保证基础硬件达标的前提下，吸引当地有影响力的民宿加盟。久栖还通过统一培训、统一采购、统一资源配置实现游客住宿体验的最大化。

2016 年以来，民宿连锁化势头越来越猛。如家快捷酒店开始做民宿，建立“云上四季民宿”品牌，使用免费加盟吸引更多民宿主加盟。“有家”民宿的连锁品牌还实施定位战略，把舒适性作为主要定位，占据中高端民宿市场。“有家”民宿还推出主定位下的不同主题民宿，有“亲子民宿”“商旅民宿”等。亲子民宿提供亲子套房以及活动专区，同时配备各种亲子娱乐设施。商旅民宿专门提供满足商业活动需要的设施，通过这种区分，进一步进行市场细分，以迎合不同游客需要。

民宿连锁经营不能依赖成名品牌的烘托，忽略个性打造，特别是乡村民宿，能否做到差异化至关重要。人们担心，一旦民宿引入连锁经营，容易走上整齐划一的发展路线，这样容易失去民宿个性，特别是乡村民宿，如果没有文化、产品或服务的差异，很难获得顾客的认同。在民宿的连锁经营中，实施差异化连锁经营是关键。这就需要在保持连锁经营共性的同时，彰显不同民宿的个性。以“既见”品牌连锁为例，该品牌在2016年诞生，创始人为刘汉捷，在大理喜洲古镇的民宿名称定为“既见·欢喜”。尔后，既见·南国、既见·苍海成立，形成了“既见”品牌连锁化，不同子品牌分别针对不同的消费群体，如有的针对背包客一族，那就需要符合背包客的随性。有的迎合休闲度假需要的顾客，则必须强调悠闲。位于大理的既见·欢喜民宿就是以休闲度假为特色，庭院的设计让人感到完全的放松，有斑驳老墙，池塘座椅，闲谈雅座。“既见”品牌还创建町隐管理学院，学院以“学习成就名宿”为宗旨，扎根滇西北民宿圈，增强云南民宿业行业交流活动，构建客栈民宿业主圈层。作为町隐管理学院的执行院长，刘汉捷以人才“共建”培育的理念，尝试推进民宿行业人才培育与交流，促进民宿集聚的知识信息共享。

可见，一方面，连锁民宿的合力不仅仅是个体本身的特点，而且是相互配合、相互弥补之后产生的要素叠加效应与系统效应。由此产生的核心竞争力，除了参与其中的民宿本身素质与水平，还包括不同民宿组合后呈现的特色。正是因为要素叠加效应与系统效应从而使得民宿具有不同个性，以区别其他竞争性民宿。另一方面，通过成员间的互补，个体民宿的知识技能可以产生1+1>2的协同作用，使得连锁经营体的总体价值超过市场价格获得溢价，因团队作用而产生巨大吸引力。

四、民宿的品牌发展问题与对策

（一）针对民宿定位不准问题需加强品牌定位

目前民宿预订网站的数据表明，民宿在不同经济水平的市场上存在很大的差异性，定位各不相同，定价也从不足100元上涨到上万元的价格。民宿产业分化的趋势是实际存在的：一些民宿定位不准，经营不善，品牌效应没有形成；而另一些民宿定位清晰，顾客如云，品牌活力异常强劲。

民宿定位不准，主要问题在哪里呢？按照停留时间，民宿定位实际上有三类。第一类是高端乡村度假，可以对应远程市场。如欧洲很多乡村度假场所，实际上对应的就是远程市场。很多美国人到欧洲度假，往往舍弃滨海与都市，在一个乡村住十天半个月，我国现在很多民宿定位未提供这样的度假场所。第二类是中端乡村休闲，对应中程市场。第三类是大众市场，对应近程市场。我国目前民宿竞争主要集中于大众市场，中端的乡村休闲已经产生，但是多数民宿仍然提供大众产品。莫干山从形成之初就将洋家乐文化嫁接到莫干山本土文化中，中西合璧，定位于中高端品牌，一直延续到现在成为独具个性的品牌，受到市场追捧。但是，大量民宿的发展是无序的，在模仿效应下产生，往往是定位复制、主题雷同。

随着民宿产业的集群发展，在一个集群内部的民宿，究竟是实施相同定位还是进行差异化发展？这里的问题实际上与前面品牌连锁化下的个性发展同理，里白在分析乡村旅游集群时提出，“乡村旅游集群要坚持品牌同质性，不管到哪里，其服务应该是一样的，产业集群经营首先需要保证这一前提。然而在乡村旅游集群中，允许差异化，过分追求差异化是不合适的”①。如果按照这个理论，那么莫干山民宿集群是否进行一样的定位与服务？这是不太可能的，每家民宿有自己的特点与条件，不能强求所有民宿都与本区域的其他民宿保持一致。当然，人们到莫干山，自然知道莫干山民宿是中高端的代表，但并非所有莫干山民宿都是同一种定位。从中端到高端的经济条件细分中，还能划分出一系列的差别，建筑特色、外观也并不都是“洋”的味道，其中也有很乡土的风格。故此，不同的民宿集群应该重点强调差异化。同一集群内部定位实际上存在很大差异，在坚持大方向的前提下，也应该实施差异化。无论是个体民宿还是民宿集群，差异化定位应当是根本性方向。

（二）针对民宿文化品位不高问题需实施品牌内涵拓展

品牌是社会组织或个人对事物设计的一种体验。它携带着文化的符号与因子。成熟的国外民宿，如日本的民宿，澳大利亚的酒庄客栈，英国、法国的城堡等，深受各国游客的喜爱（表 3–1–1）。

表 3–1–1　国外民宿文化特色概览

国家	概况
美国	不拘一格，自由开放，主客交流随意
英国	风格恬淡，追求田园诗意、悠闲放松的英式氛围
法国	风格精致，优雅浪漫，多有露天泳池和地下酒窖

① 里白．乡村旅游产业集群化走势探索：访中国社会科学院经济研究所钱津研究员 [J]．经济师，2007（8）：6–7.

续表

国家	概况
德国	追求工业设计，主客不分，常有喝酒聊天时候
日本	风格古朴，木造房屋，必备茶室、榻榻米
韩国	传统民居，院落精致，地板架高，营造暖炕氛围

品牌拓展，首先要增强文化品位。民宿的文化品位不高的问题亟待解决。体验经济的发展，对于民宿行业来说，就是要找到资源禀赋与游客兴趣的结合点，发展出特色体验。当然讲到特色体验，人们一般联想到新、奇、特。设计师的过度设计，理想主义者的过度介入，刻意追求新、奇、特效果，往往会起反作用，超越了环境特征，淡化了本土文化特点。这就要求民宿在品牌拓展时候，根植于当地文化，把民宿自身资源禀赋与环境、游客兴趣很好地结合。

品牌拓展，其次要凸显民宿主人的待人接物风格。民宿品牌与民宿主人往往难以分割，民宿品牌文化很大程度上就是民宿主人的文化。如何把民宿品牌文化做足，这是当前我国民宿发展的重大问题。而民宿主人文化又是什么？一位住过中国台湾垦丁民宿的游客在自己的微信公众号里写道：

这家民宿的主人生活随性而恬淡，男主人除了出海谋生，就在家里打理花园里的植物。女主人做家务，除了照顾自己家人，就是照顾客人。晚上，大家坐在院子里喝啤酒，吃海鲜，聊着天，很有兴致。离开的时候非常不舍。这样的民宿才是真正的生活体验。

品牌拓展，最后要提升品牌体验。体验经济的发展，要求丰富人们在消费时候的体验，这种体验有感官体验、情感体验、信任体验、交互体验等。国内民宿在主题体验方面已经取得一定成效。主题体验首先作用于感官，带来了感官的愉悦，如看到稻田间以田园为主题的民宿，对于来自喧嚣都市的人，就有一种荡涤身心的作用。这种主题民宿如果有品牌形象设计，就更容易占领人们心智。通过视觉、嗅觉、听觉、触觉、味觉这些感官系统，我们对品牌形象进行辨识与理解。如果住宿之后，觉得环境、服务都不错，就会进入情感认同，从而产生信任与偏爱。在交互体验中，民宿的主客之间进行互动的双向传播，通过网站点评、留言板留言，积极的住宿体验可以吸引更多的游客前来住宿。

目前，民宿普遍存在的问题是难以保证交易网站的数据真实、准确。比如，有一家民宿“服务协议”声明，对相关资料的真实性、准确性无能力进行准确、完整地验证，并保证其真实性、完整性。有媒体报道，专门做虚假点评生意的团队现在屡禁不止，其行为包括刷民宿的成交量，删掉差评，大量制造好评等。这些团队往往潜伏在民宿自媒体关注者那里，以致于真假难辨。这种做法本身就造成信任危机。有些客人住宿之后就会质疑，网络上那些好评究竟是怎么来的，为什么与自己亲身体验的完全不同？这些质疑本身就是信任体验不佳的表现，进一步造成其他阅读评论的人的怀疑。由此可见，改善民宿的信任体验，不是一朝一夕可以实现的。

（三）针对民宿泛化问题需打造区域公共品牌

近年来，随着乡村旅游越发火热，不少地区的民宿出现盲目跟风、缺乏区域特色的问题，为提升民宿的影响力，我们需要打造区域公共品牌。从乡村民宿来看，它的出现既是乡村旅游发展的结果，又进一步推动着乡村旅游发展。乡村旅游的发展经历三次升级过程：从对资源的简单利用到对资源的综合利用，再到对资源的深入挖掘。品牌化不仅是对资源的挖掘和升华，还让民宿本身成为人们独立的旅游核心内容。而区域公共品牌，一般是由地理位置和产品名称结合而成的。一些区域公共品牌能凸显当地文化，如浙江杭州临安区民宿的公共品牌“乡宿”，把“花开乡宿”作为临安乡村的形象符号，不仅很有美感，而且形象丰满。其文化内涵借用吴越王钱镠与王妃“陌上花开缓缓归”的风雅典故，以“花开乡宿”的浪漫形象反映临安山乡的花开绚烂，并结合临安独特的人文和自然风貌气质，赋予“乡宿”品牌清新唯美的内涵。那么打造区域公共品牌有哪些作用呢？

第一，区域公共品牌可以催生乡村旅游升级。这个过程，不能完全依靠乡村旅游的自发发展，需要当地政府以及中间组织做一些推动工作。政府主导，中间组织牵线，以公共品牌形成民宿的合力。

第二，区域公共品牌可以解决乡村旅游单兵作战、势单力薄的情况。但是形成公共品牌的过程中，要注意提炼区域文化特点以及历史渊源，尽可能挖掘那些可以代表民宿业共性的东西，如区域旅游资源、文化遗产、人文传说等，把当地的资源禀赋转化为品牌优势。

（四）针对品牌交叉问题需协调母品牌与子品牌

随着企业或者社会组织品牌策略的运用，品牌日益增多，各种品牌交叉，定位重叠，层出不穷，往往演化为品牌相互“残杀”。这就必然存在品牌整合的问题。

第一，品牌整合需要与品牌集群战略结合。事实证明，民宿集群做得好，往往容易打响品牌。以广东为例，按照《广东省民宿发展白皮书 2019》中的数据，广东省已经形成了六个民宿集群以及品牌，包括深圳大鹏半岛民宿群、仁化丹霞山民宿群、增城“万家旅舍”民宿群、从化米民宿群、清远“清新人家”民宿群、惠州罗浮山—南昆山民宿群。这些民宿集群往往会发展出公共品牌，如大鹏较场尾的公共品牌就具有较高的知名度与美誉度。但打造了民宿集群是否意味着成功打响了公共品牌？答案是否定的。从广东这些民宿集群看，除了大鹏较场尾，其他区域还没有形成著名的国家级的民宿品牌。这说明除了集群这些外部因素影响，还要考虑内部因素的组合，比如，在内部存在多品牌的情况下，如何协调不同品牌关系？

第二，重视品牌整体建构。有些品牌下有很多子品牌，这些子品牌如果不能成为一个整体，也有可能导致品牌定位混乱，甚至相互“残杀”。这就需要把品牌的统一性与个性关系处理好。现实中，也有不少民宿在这方面做得好的。仍以广东为例，“水乡无边”是广东比较著名的民宿。该民宿的创办者——广东水乡无边文化创意发展有限公司，利用不同的上下游产业链将几十种单一的品种形成一个民宿的聚集区。“水乡无边”突出广东水乡的文化特质，在保持统一形象下，创建个别品牌个性。不同地方的民宿根据自己特点，进行“民宿＋酒店”“民宿＋艺术工作室”“民宿＋咖啡餐饮”“民宿＋越野徒步”等产品组合。就拿“水乡无边”民宿所在的麻涌镇新基村来说，该地历史悠久，已经有续800多年，村里祠堂众多。从当地民宿风格细分来看，有定位于岭南文化精髓的民宿，也有日式和风的“壶中邸”，也有充斥大海风情的“哆啦A梦的海梦时光”。

民宿品牌的整体建构，一方面，要强调整体性，把多品牌的信息传播建立在主导品牌或公共品牌上，使得品牌可以传递民宿共同的文化符号以及风格。另一方面，保持不同品牌各自的个性，厘清个别品牌与主导品牌或公共品牌的关系，使得品牌相互作用、相互影响，做到定位交叉而不混乱，利用个别品牌衬托主导品牌或公共品牌，形成品牌合唱效果。

（五）针对资源不集中问题需整合品牌与资源

民宿是文化旅游资源“活化”的重要路径，但在目前的民宿发展中，大多数民宿缺乏对周边资源的整合，因此，整合品牌与资源是打造民宿目的地的重要举措。如果民宿的功能仅仅止于住宿是很难留住客人的。民宿与周围资源整合才能使得民宿成为旅游目的地。浙江民宿之所以闻名遐迩，除了有乌镇、西塘、西湖等知名的旅游景观，还有许多人文景观以及非遗文化，包括杭州的茶文化、丝绸文化，宁波的宗教文化、海洋文化，西塘、乌镇等地的古镇文化等。民宿品牌只有与这些自然资源、文化资源相结合，才有鲜活的生命与无穷的魅力。

民宿与旅游资源整合宜多样化。景区资源，可以分成滨海度假类、康体养生类、山水生态类、民族风情类、边关览胜类、红色旅游类等。民宿与景区资源的结合就是让游客在住宿的同时，可以游山玩水，享受旅游的便利。以景区的观光游览，改善住宿的单一与单调；以民宿的住宿便利，弥补一些吸引力不强的景区难以留客的不足。除了景区，民宿与旅游资源整合可以打通旅游产业链各个环节。比如，与吃住行游购娱的某些方面结合，安排一些具体活动，包括当地民俗活动、节庆活动，发挥协同效应，引发客人兴趣。

当然，民宿并非都需要与旅游资源整合。一些民宿以自身比较完备的设计也可以让客人体验远离尘嚣的感觉，只是需要强调本身的独立与隐秘。

民宿与资源整合要讲求系统性。例如，浙江临安“乡宿”把临安的众多资源，包括自然生态、乡村文化、农耕活动、文化习俗等，整合到民宿之中，又把民宿作为旅游目的地，充分发挥了这些资源的作用与效益。当然，在民宿品牌与资源整合过程中也要分清主次，做到以主导资源带动次要资源，以品牌旅游资源带动其他资源，以成熟景区拉动未成熟景区的整合顺序。

第二节 “互联网 +”时代的民宿场景营销策略

一、场景营销的基本认识

（一）场景营销的内涵

场景营销是一种建立在互联网媒体上的数字化营销，它针对消费者所处场景，结合时间、需求等要素和目标群体进行全面的交流沟通。在传统媒体时代的营销推广活动中，信息单向线性传播，消费者只是被动地接受信息。而互联网尤其是移动互联网的崛起，使得传统信息传播方式被打破，线上线下融合的传播模式，创造了一个三维立体的营销场景，能为消费者带来更完整的营销体验。

在场景营销中，消费体验在时间和空间维度上被重新定义。对情境的感知和对有价值的信息进行匹配，是营销场景吸引流量，并促成转化的重要因素。其中对情境的感知又可以细分为空间情境感知和时间情境感知。

空间情境感知借助基于位置的服务技术，通过平板电脑、智能手机等移动终端，实时获取消费者的位置信息，并为其推荐周边的餐饮、住宿、家政等各类生活服务。微信小程序推出的“附近的小程序”功能就是基于这种逻辑。时间情境感知则是针对特定的时间节点，如节假日、热点事件、流量红利期等，制订精心设计的场景营销方案。微信、支付宝的春节营销就是两大典型代表。

（二）场景营销的特点

场景营销具有三大特点。（图 3–2–1）

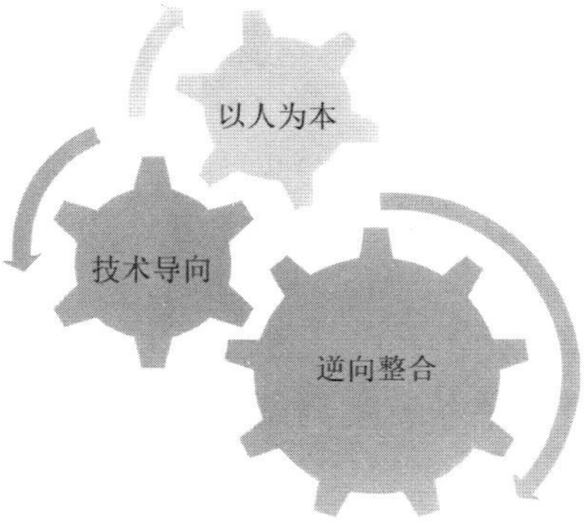

图 3–2–1 场景营销的三大特点

1. 以人为本

场景营销以人为本，以用户为中心，它能够通过搜集海量数据为用户提供个性化与差异化服务。这和传统的围绕商品设计营销方案有着本质的区别，充分迎合了新消费时代交易主导权回归用户的发展趋势。

在传统营销模式中，商家大多强调产品的功能、性价比，将开发人员认为的用户需求强加给目标群体，而且由于当时购买力相对较低，人们没有足够的资金来满足个性化需求，只能注重产品的性价比，使得用户需求被普遍忽视。而在场景营销模式中，广告营销将围绕某一细分群体甚至个体的消费需求，为其定制特有的营销内容，从而更好地吸引消费者，并刺激其购买。

2. 技术导向

场景营销之所以具有技术导向的特点，主要的影响因素有三个方面：

（1）硬件生产及制造技术的发展

得益于硬件生产及制造技术的不断发展，以平板电脑、智能手机、可穿戴设备为代表的新一代硬件产品实现了快速发展，并得到了大规模推广普及，使商家与消费者无缝对接，并围绕其需求开展定制营销，具备了营销落地的基础。

（2）程序化技术的发展

基于受众定向技术、渠道定向技术及投放优化技术的程序化广告，为商家向目标群体进行高效精准的营销推广提供了强有力的支撑。

（3）内容创意技术的发展

以第五代超文本标记语言（H5技术）为代表的内容创意技术，为新媒体在影响用户消费决策方面开拓了更加广阔的空间。在场景营销实践中，H5技术的常见表现形式主要包括文字、图片、符号等静态展示技术；小游戏、动态图等交互体验技术；摇一摇、附近的服务等互动参与技术。

3. 逆向整合

在场景营销时代，满足用户需求成为企业赢得市场的关键，在组织生产活动前，企业需要先获取用户需求，再通过邀请粉丝（崇拜某事物的一种群体）体验等方式验证需求，然后再正式生产，并根据销售情况及用户反馈不断做出调整。部分企业对经营模式进行了改造升级，在线上通过预售模式获取订单，然后根据订单生产产品，消费者同时扮演着设计者和消费者的双重角色。

例如，小米科技有限责任公司的生产管理营销模式被众多企业奉为经典。小米公司通过开展社群化运营积累了海量忠实粉丝，在推出新品时，小米公司先在公司官网、电商平台等渠道开通预订功能，订单整合完成后，由供应链厂商根据订单进行生产，生产完成后送到消费者手中。这种模式有效解决了传统运营模式中的库存积压问题，获取了高额的利润回报。

（三）场景营销影响下的品牌传播进化路径

在移动互联网时代，营销人员要想做好营销必须对其商业结构与符合消费者习惯的营销方式进行思考，场景应用就是其中的一种。营销人员明白抢占先机的重要性，因此，移动互联网时代的产品营销不仅要借势，还要在商业结构方面进行变革。通过手机获取资讯、知识，利用手机进行社交、看球赛、玩游戏、购物、打车等，这些已深度融入人们的日常生活，成为人们日常生活的一部分。

目前，人们的生活已离不开手机。据统计，中国人平均每6分钟就要看1次手机，每天平均看手机150次。人们频繁地看手机能够使自己收获一种存在感。从本质上来看，这种存在感就是一种连接，这种实时性的连接使人们传统的社交关系被改变。

移动互联网营销要让消费者参与到营销过程中，对产品、品牌进行传播。未来，可能还要让消费者参与到产品生产、产品创意、产品营销的过程中，全面提高营销效率，优化产品的传播效果。移动互联网时代是一个广告即内容的时代，如果能将广告打造成内容，让消费者积极主动地传播内容，在很大程度上能获得更高的价值。另外，产品就是广告，为了做好产品营销，企业必须打造优质的产品，丰富产品的内涵。

在互联网思维的指导下，运营人员要注重整合资源，如将移动互联网营销与二维码、移动社交等其他营销方式进行整合。营销的形式要从彩信广告、短信广告向场景应用转变。对于产品营销来说，利用大数据进行整合营销是非常重要的环节。

未来，任何一种事物都有可能与移动互联网联系在一起。移动支付的发展与成熟让实时消费与交易有了迅猛发展的可能性，一种成熟的互联网支付机制由此形成。随着这种支付机制的形成，移动商业进入了一个新时代，在这个时代里，人们的生活方式一旦改变，商业模式也会随之改变。

一场成功的营销是在特定场景下产生的，在这种场景下，营销人员可根据移动设备与消费者之间的关系推送产品或增加品牌曝光度。一场成功的营销活动往往是伴随式的、场景触发式的。目前，很多广告都缺乏场景，很难引发消费者共鸣，而场景营销正是在这样的背景下打造了一个对消费者极具吸引力的场景，吸引消费者使用产品、消费产品。

在营销领域，移动互联网就是商家与用户建立沟通的桥梁。移动互联网最需要解决的问题就是如何与用户建立更深层的关系，尤其是在这个媒体众多、消费者高度分散的时代，一个品牌要采取何种措施才能加深消费者对自身的印象，实现品牌资产积累呢？又要如何借助广告与营销引发消费行动呢？可见，在移动互联网时代，品牌传播模式正在进行重大变革。

品牌传播模式之所以要被重新定义，就是因为进入移动互联网时代以来，消费者的生活方式发生了巨大变化，这个变化是移动互联网诱发的。在这样的环境下，消费者的注意力被分散，有了强烈地链接其他移动终端的需求。消费者在各个场所与空间中快速穿梭，生活半径不断拓展，仅凭单一媒体很难对目标消费群体进行全面覆盖。消费者接触的各种终端，如智能终端、消费终端、广告媒体平台都在不断地收集消费者消费行为数据，通过这些数据，企业能更准确地了解消费者。

消费者的消费行为从理性发展到实时的场景触发。在信息爆炸的时代，消费者的消费行为是随时随地发生且实时变化的。因为在分散地接触媒体的过程中，消费者会不断地获取广告信息与营销信息，在接收这些信息的过程中，消费者的消费行为随时会被触发。

（四）场景营销影响下的品牌消费

1. 场景应用：社交时代的商业逻辑

在互联网社交环境下，品牌的场景营销需遵循三大逻辑。（图 3–2–2）

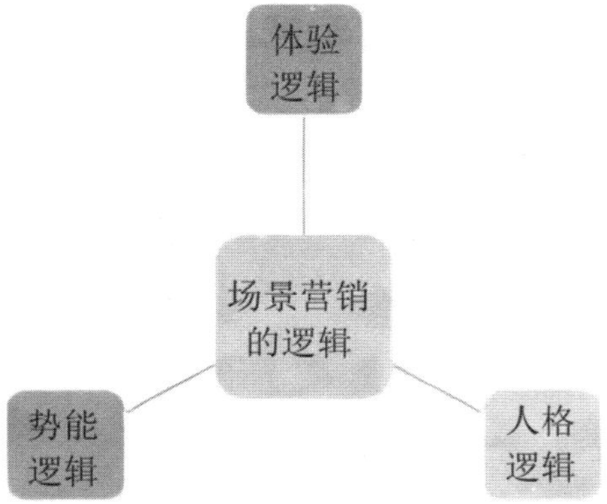

图 3—2—2　场景营销的三大逻辑

（1）体验逻辑

百度在用户与信息之间搭建桥梁，京东在用户与商品之间搭建桥梁，逻辑思维在用户与知识之间搭建桥梁，美团在用户与生活服务之间搭建桥梁。腾讯提出要“连接一切”，其社交平台微信为不同用户之间的互动提供了有效支持。连接成功以后商家需进行何种操作？如何才能进行流量变现？如何源源不断地导入流量？近年来，许多行业都开始进行场景打造并将其作为竞争焦点。

其实，很多时候，并不是商品激发了消费者的兴趣，而是商家搭建的场景引起了消费者的情感共鸣。在场景时代，商品被融入特定场景，展现在消费者面前。消费者购买的不是商品，而是消费过程中获得的体验。此时，商品的基本价值呈走低趋势，个性化体验成为人们关注的焦点。消费者为获取独有体验付出的成本要超出商品本身的价值。

场景时代下的企业通过数据获取与分析进行场景挖掘，将自身运营融入消费者的日常生活。例如，音频分享平台喜马拉雅成为许多人上下班坐公交车、堵车时的选择，这就是典型的场景化应用，该产品向用户提供的有声书、精选音乐、知识干货等，能够满足人们的多样化需求。

现代信息社会呈现出明显的碎片化特征，场景应用也不例外。随着网络信息技术的发展及各项智能设备的普及应用，人们对各类社交应用的依赖性越来越强，高速发展的信息技术在加速信息传播的同时也将不同群体隔离开，为企业发展带来了新机遇。

（2）人格逻辑

随着经济不断发展，物质供给已经远远超出市场需求，市场上多种多样的商品丰富了人们的选择，也提高了消费者的选择成本。在此趋势下，消费者越来越重视自己的个性化需求。目前，社交红利开始崭露头角，人格魅力的影响更加突出，在市场竞争中发挥着越来越重要的作用。相比于传统的营销方式，基于熟人的社交推荐能够取得更加理想的营销效果，在这个过程中，场景发挥着重要作用，用户之间的分享行为是在特定场景中产生的。

场景化营销并不是近几年才出现的。传统模式下的场景主要集中于线下渠道，随着互联网及移动互联网的高速发展，社交应用变得越来越普遍，场景化应用开始转移到线上。只要能够连接网络，用户就能随时随地登录社交网络，在熟人的帮助下对商品信息的真伪及价值进行有效评估。目前，越来越多的企业开始采用社群标签、场景营销策略进行商品打造，这说明人们的消费需求已然升级。

（3）势能逻辑

小米公司以智能硬件、智能家居及软件开发为主，积累了大批粉丝。其忠实粉丝用户使小米社区成为国内第三大社区论坛，并积极促进第三方手机操作系统更新升级。除此之外，小米公司还向核心用户及为小米公司做出贡献的网友提供产品优先购买权。在营销过程中，小米公司充分发挥了粉丝经济效应（一种构架在粉丝和被关注者关系之上的经营性创收行为），提高了用户的参与度。

任何事物都有兴衰的过程，场景也是如此，在快速兴起之后，也可能会急速衰亡。现阶段，面对快速变化的市场环境，企业要做的就是提高自身的应变能力，紧跟时代发展步伐，认识到场景的价值，并在自身发展过程中注重场景打造与应用，通过场景化营销突出自身的独特竞争优势。

随着时间的推移，新兴场景会不断涌现，通过互联网、社交平台等为人们所熟知，并逐渐取代传统场景，在市场上占据主导地位。目前，虚拟现实技术、人工智能技术、智能可穿戴设备等实现了快速发展，H5 广告逐渐普及开来，这些新场景是对传统场景的改造与升级，其发展将带领人们进入新的消费时代，为企业发展注入更多活力。

2. 场景挖掘：聚焦顾客的潜在需求

传统互联网时代的终端设备以个人计算机（PC）为主，进入移动互联网时代后，手机、平板等移动终端的应用逐渐普遍，这类智能化设备功能齐全、体量小，能够随时随地移动。另外，用户与智能移动终端的互动频率更高，其影响渗透到了人们日常生活的方方面面，可以帮助企业获取用户的相关信息，了解用户的生活状态，挖掘用户需求。

在移动互联网时代，企业可利用先进的技术手段对消费者的相关信息进行统计，但此类信息通常缺乏集中性，数量庞大且繁杂多样，给企业带来了挑战。在这种情况下，企业在开展营销活动的过程中，需采取有效措施对繁杂的信息进行过滤，从而锁定自己的目标消费者。面对这一问题，场景营销为企业提供了有效的解决方案。在开展场景营销的过程中，企业在与消费者互动时会更加关注他们的生活态度、价值观念等，通过场景打造将时空要素、人及环境融为一体设计出符合目标消费者的场景，刺激其消费需求。

移动互联网的高速发展推动了移动互联网媒体的普及应用，给电商行业的发展带来了更多机遇。与此同时，企业在场景营销领域也有所进步，虚拟场景开始出现，在具体实践过程中企业开始致力于将虚拟场景与现实场景结合起来。企业在应对外部市场变化的过程中，要充分认识到场景的价值，通过场景营销对消费者的相关信息进行获取，并在具体实施过程中将目标消费者、企业的产品、品牌与服务连接到一起，使商品销售变得水到渠成。

从根本上来说，移动互联网时代的场景营销与以往的场景营销并无二致，企业在运营过程中往往是以消费者为核心，致力于让消费者获得优质体验。在具体实施过程中，企业需打造多元化场景，对消费者在特定场景中的需求进行挖掘，从而带动自身的产品销售。市场营销的参与者主要包括广告主、媒体及用户。对处于移动互联网时代中的企业的场景营销进行分析可以发现，除了广告主，媒体与用户都呈现出不同于以往的新特点。

在移动互联网时代，移动互联网媒体开始取代传统互联网媒体，并在场景营销中发挥作用。移动互联网的应用让现实世界与虚拟世界开始融合，能够进一步激发用户的联想，提升用户体验。此时的用户除了进行信息接收，还以消费者的姿态出现在场景营销过程中，消费场景由此诞生。而在企业的场景营销中，消费场景发挥着主导作用，决定着企业采用何种营销手段。

海量商品信息与目标顾客消费需求的匹配要以精准的场景体验为基础。在商品越来越多，消费者的购买选择越来越困难的情况下，要想激发顾客的购买动机必须构建精准的消费场景。现阶段，商家要以消费需求为基础，通过特定的场景将商品的价值与功能充分展现出来，让消费者知晓，并对目标顾客的潜在需求进行深入挖掘。要想满足顾客的精准场景体验需求，必须对快消品的市场变化、准确的场景化展示、洞察消费者需求等内容进行系统掌握。除此之外，企业还要对快消品的商品信息进行全面把握，将不同的商品与场景需求进行精准匹配。

要想实现精准的场景体验，企业必须做好消费者洞察，将不同的场景需求区分开，对不同场景下的潜在需求进行深入挖掘，让商品实现精准匹配；利用消费大数据、企业运营数据对消费者进行精准画像，并以此为基础对需求趋向进行详细分析，对商品进行合理配置，进而满足目标顾客的需求。

准确的场景表现是满足消费者场景体验的关键，也是激发消费者购买动机的重要手段。线下店铺要结合顾客的购买特点，对门店进行优化布局，改变传统的门店规划理念，将以商品为主转变为以顾客生活单元为中心，创建生活单元，构建生活场景。线上零售门店要结合线上特点，将详情页设计从描述商品转向描述场景需求，将场景聚焦与场景丰富相结合，使消费者的场景体验得到更好的满足。

3. 场景消费：基于社交的引流技巧

智能手机及移动互联网的推广普及，使得 LBS、在线支付等技术在人们的生活与工作中扮演的角色越发重要，促使人类社会的消费模式及商业模式等发生了巨大变革。购物消费场景变得越来越移动化、碎片化，人们能够用于购物消费的时间大幅减少，更多的是在碎片化场景中选购商品、下单支付、评论建议等。同时，购物空间限制也被打破，人们不用像在传统工业时代那样必须去线下门店购物，也不必像在传统互联网时代那样只能在有电脑的场景中购物，而是可以使用随身携带的平板电脑、智能手机等移动终端，在等电梯、坐地铁等各种碎片化场景中实时购买。

在人们的消费决策中，社交圈好友的分享推荐变得越发关键，当看到好友在朋友圈内分享商品时，很多人会主动联系好友索要购买地址。在移动场景时代，人们购物时不再简单地考虑产品的价格、性价比、实用性等，而是更加注重场景体验。那些此前不曾被传统企业和资本巨头重视的移动应用，已通过具体的生活场景实现无缝对接，让人们的线上线下消费需求得到满足，爆发出巨大的能量。

人们的购物消费过程可以分为寻找选择、购买体验及购后评价三个环节。

（1）寻找选择

企业对寻找选择这一环节缺乏足够的控制力。由于身处移动场景，人们的注意力被过度分散，会随时随地使用手机进行社交、娱乐、购物等，行为变得难以预测，购物时间也有了较大的不确定性。在这种背景下，企业需要在消费者的碎片化购物时间中寻找切入点，把消费者融入各种碎片化场景中，让用户能够实时购买，最大程度地满足用户需求，并提高产品销量。

随着大数据、云计算、人工智能等新一代信息技术在各行业的应用程度日渐加深，线上线下结合的新零售模式开始崛起，人们的购物消费有了更加多元化的选择，企业需要抓住短暂的碎片化购物时间向目标群体进行营销推广。在寻找选择环节，要想让消费者关注企业的商品，需要充分结合时间和场景，让产品在合适的时间、合适的场景中被消费者快速低成本地获取，从而更好地引导消费者了解商品，并刺激其消费。

（2）购买体验

移动化、碎片化的购物消费特征，导致消费者在单一商品上投入的时间与精力明显减少，对线下零售而言，这种变化带来的影响尤为严重。企业需要知道如何充分发挥移动应用的作用，提升门店的组织效率，去除不必要的购买环节，更高效地达成交易。不妨想象一下这样的场景：当消费者进入一家服装店后，每件服装的吊牌上都带有二维码，顾客使用手机扫描二维码不仅可以获取这款服装的价格、材质、生产工艺、搭配建议等各类信息，而且可以直接点击购买，这无疑会使顾客体验大幅提升，有效降低门店的经营成本。

当然，不仅是实体零售企业在尝试带给顾客更优质的购买体验，很多电商企业也投入了大量资源与精力打造完善的购物场景，并优化购物流程。

在购物中心、百货商场等大型零售门店中，庞大的客流量使服务人员难以为顾客提供完善的服务，而且排队付款也让人备受折磨。在电商平台购物，消费者又难以获得产品体验感，客服也不能为消费者提供面对面的优质服务。所以，通过线上与线下相结合的移动电商为消费者构建充满体验的全新场景，在缩短购物流程、降低用户购物时间成本的同时，也将为企业带来更高的利润回报。

（3）购后评价

消费者的购后评价对企业非常重要，如果用户评论不佳，很容易导致其他消费者打消购买欲望，反之，当某件商品广受好评时，也会吸引更多的潜在消费者。

以熟人社交关系为核心的社交媒体平台——微信，在通过正面评论促进产品销量方面的作用尤为明显，然后是社交关系相对较弱的微博。移动互联网的崛起使人们之间的互动交流变得更加方便，为企业开展产品及品牌的口碑传播奠定了坚实的基础。在移动场景时代，发展移动社交电商融入消费者的社交关系，成为企业从激烈的市场竞争中突围的关键所在。

在促进用户口碑传播方面，移动社交电商具有十分广阔的发展前景。认识到移动社交电商的发展前景后，国内电商巨头——京东和社交巨头——腾讯达成了深度战略合作，腾讯为京东提供两大社交产品——微信与 QQ 所带来的海量流量及社交关系支持，帮助京东以更低的成本获得优质流量并促进产品的口碑传播。

需要注意的是，企业在享受社交媒体给营销推广带来的诸多便利的同时，也应该认识到它给企业营销带来的诸多挑战。良性口碑确实可以提升产品销量与品牌知名度，但负面评论也会借助社交媒体平台实现广泛传播，甚至可能会给企业带来信任危机，造成不可挽回的重大损失。所以，企业应时刻关注用户在社交媒体中关于产品及品牌的评论，通过社群化运营在一定程度上控制舆论风向，让用户在互联网中传播更多正面信息。企业还应该及时处理负面信息。

在移动场景时代，人们的购物消费形式变得越发多元化。随着生活节奏越来越快，谁能与各种碎片化场景密切连接为用户提供便捷高效的购物体验，谁就能得到用户的青睐，并获得高额的利润回报。面对全新的购物环境，企业需要做好以下三点：

一是在购物时间方面。

企业需要进入目标群体的时间线，在消费者的碎片化与移动化生活场景中提供实时服务。

二是在购物空间方面。

打造更具体验感的购物场景，并充分利用新技术与工具优化购物流程，降低用户的购物时间成本。

三是在社交关系方面。

切入移动社交电商，广泛开展移动社交营销，通过口碑传播实现病毒式推广。

从整体来看，在移动场景时代，企业要将产品及营销方案融入目标群体的各种碎片化生活及工作场景中，让用户能够随时随地购买自己想要的商品，改变传统的硬性推广方式，在潜移默化中影响消费者决策。

二、“互联网＋民宿”的场景营销策略——以满城柿子沟乡村民宿为例

（一）民宿开发与管理中存在的问题

满城柿子沟民宿属于古朴的田园型乡村民宿，是“原乡里”民宿品牌着手打造的环京浅山区民宿产业链中的重要节点，位于保定市满城区柿子沟内的中峪村。依托独特的自然生态资源、丰富厚重的历史文化积淀，宁静朴实的原始乡村气息，吸引来大批京津保等地游客，深度体验当地的百年柿林、石板瓦房和墙皮彩画等颇具特色的乡村气息。

满城柿子沟民宿采用投资企业与当地村集体携手合作、联合开发模式精心设计完成。开业以来取得了不俗的业绩，同时，在民宿开发与管理过程中也发现不少问题。

1. 周边资源整合度不高

柿子沟乡村民宿周边自然景观、历史名胜、文化遗迹等旅游资源丰富，但是民宿在这些资源利用方面严重滞后，整合度不高。提供给游客最主要的仍旧是“住宿功能”及部分餐饮服务，虽然游客身居民宿能够享受到别样的乡居环境，满足了部分游客寻求“远离喧嚣”的心理需求，但是在活动内容安排上基本没有提供附加服务。致使一些游客感到“单调”，有时甚至感到无事可做。偶尔安排的一些活动大多离不开乡村生活中的典型场景，同质化现象突出，游客的新奇体验感不足。

2. 开发存在随意性倾向

满城柿子沟以石砌墙、石板瓦房和墙皮彩画为整体建筑风格，加上蜿蜒崎岖的乡间小道、纵横交错的农田绿地，呈现出一派生机勃勃的农村生活画卷，令游客心旷神怡。但是，在民宿开发中缺乏统一的整体规划，道路两旁、庭院当中随意添加了不少塑料材质的动植物模型，质量低劣的儿童游乐设施等，这些不伦不类的“附属品”本意是想为游客提供更为贴心的装饰与服务，然而却与当地整体朴实的乡村设施极不协调，还可能带来安全隐患。

3. 民宿服务质量不到位

从硬件方面看，民宿周边基础设施不够完善，通往民宿的道路狭窄，路面状况也不好，容易造成交通拥堵；此外，民宿停车场地狭小、车位不足，致使游客停车不便。从“软件”方面看，以服务取胜的民宿给客人“家”的感觉尤为重要。但是，由于柿子沟民宿的员工大多来自当地村民，没有接受专业服务培训，淳朴有余而专业程度不足，在客房服务、日常打理、物品专业摆放等基本服务方面尚有一定差距，而在主动的服务营销方面则差距更大。

4. 民宿场景化营销薄弱

“互联网＋场景营销”是适应现代互联网发展的要求，结合消费者对于工作、生活等各类场景的消费体验需求，应注重各类场景的设计，运用场景营销新思维。在“互联网＋”时代背景下，如果不能与时俱进学习与应用新技术，搭建和经营好民宿线上、线下场景并以此作为营销手段，而过多依赖于为数不多的酒店查询平台，不仅传播速度慢、辐射范围小，而且营销效果也无法得到有效保证。

（二）“场景营销”在民宿开发与管理中的运用

“场景营销”是乡村民宿的有效营销手段，“互联网＋场景营销”是民宿经济发展的新趋势。场景营销不仅增强了游客对民宿的体验感受，对于提升民宿的经济效益也发挥了重要作用。现实中乡村民宿内外部环境构成了民宿线下的“营销场景”，在互联网上反映民宿住客真实体验的照片、视频、游记、感悟等多媒体素材则构成了线上的“网络化营销场景”，良好的视觉及心理感受是场景营销是否成功的关键。

1．营造乡村民宿环境和谐场景

民宿的开发切忌随意性的盲目开发，必须根据当地特色进行整体规划，民宿建筑的风格、庭院的布局特色等不仅在外观上力求与地方传统建筑、历史文化、自然环境相适应，而且要体现出内外统一的整体和谐之美，与目标顾客的田园生活期望及人文情怀需求达成一致。对于满城柿子沟乡村民宿来说，一是着力打造“柿”的特色场景。满城柿子沟乡村民宿所在地的中峪村是中国北方著名的柿乡，绵延数十里的柿子沟以出产“个大、汁浓、味美”的磨盘柿而蜚声中外，被国家林业和草原局命名为“中国磨盘柿之乡”。柿子沟的自然生态环境极为优越，空气清新，四季皆宜，春季山花烂漫，绿意盎然；夏季柿林如海，清爽遮阴；秋季累累果实，万山红遍；冬季枝头垂柿，收获希望。民宿应强化以“柿”为背景的场景设计和宣传，吸引游客和摄影爱好者春来踏青、夏天避暑、秋赏红叶、冬拍柿子，让游客切身感受到柿子沟民宿的柿文化特色。二是营造融住宿功能与文化体验为一体的人文场景。在保留原汁原味乡村建筑风格的基础上，重视民宿内部环境的装修与装饰，从民宿的外部环境到内部设计都能让游客最大限度地体验到柿子沟特有的民俗风情。例如，以草染织品、木刻摆件、柿状装饰灯笼等富有当地特色的手工艺品布置客房，在细节之处体现不一样的民宿主人情怀。三是从场景营销的角度加强基础设施建设，通过“场景”设计，既保持住未经随意雕琢的村落原始外观，又强化了“柿”文化的主题。例如，在主要的道路两旁、停车场周边种植柿树以增加装饰性；加强停车场的规划设计，在保证安全的前提下，适当拉远距离，让游客一下车便漫步在青石板的乡间小道上，提前感受脱离现代交通工具后的田园气息，既能在一定程度上解决停车不便的问题，又能减少游客因停车不便产生的消极体验感。

2．搭建当地特色农事活动场景

随着消费层次的不断提升，游客对旅游的看法已不再是单纯的观光游览，“深度游”与“体验游”逐渐成为游客青睐的旅行方式。如果缺乏让游客留下来进行深度体验的理由，即使依托秀丽的风景，恐怕也很难让游客长时间驻足。要想让游客留下来，必须让游客有“事”可做。不仅要住得舒服，更要玩得有乐趣，吃得还要有味道。乡村民宿就要结合本地文化特色，丰富“宿”的内涵，拓展“民宿＋项目”的模式，延伸民宿产业链，打造独具特色的乡村深度游体验项目，以克服休闲农业产品同质化严重、服务质量不高、附加值低的缺陷，满足消费者的个性化、多样化需求，让游客“望得见山水、记得住农趣”。重点是结合柿子沟的“柿”文化，打造农业观光“场景”，开创“民宿＋农事体验”项目，把观光农业与采摘、美食、购物、休闲、娱乐、科普等乡村旅游产品深度结合起来，让游客既能欣赏到柿子沟的自然风光，享受到良好的生态环境，也能体验入住乡间民宿的乐趣。具体做法有以下三方面：一是举办不同主题的活动，邀请游客赏花、摄影、采摘、品果、制作果脯蜜饯、体验传统的农作物种植、领养、收割、加工等系列主题活动，还可以设置评比环节以提高游客的参与度，让游客参赛或当评委对自己采摘的丰收果实进行评比并适时发布特色活动照片以吸引更多的游客前来。二是挖掘农事特色项目，让游客参与到城市体验不到的“慢生活”场景中来以愉悦心情、增加乐趣。例如，利用当地植物加工成天然染料的草染工艺是满城的特色民间技艺，游客可以把采摘到的草本植物拿到草染房向当地匠人学习草染工法并完成草染织物的制作，这些游客自己制作完成的作品往往能使他们勾起别样体验的美好回忆并形成一定的口碑效应。三是结合农事科普教育，向游客传播有关农业、农耕、农具、农活、农作物等知识，在提升游客参与体验度的同时开阔游客的眼界。

3. 整合乡村民宿周边场景资源

全域旅游概念的提出促进了乡村旅游“民宿＋景区”模式的迅速发展，乡村民宿与周边旅游资源的相互依赖、相互促进已渐成趋势，民宿已经成为“慢生活”度假区里的一个配套产品。从场景化营销角度看，柿子沟乡村民宿所在的满城地区旅游资源十分丰富，但是这些资源在民宿开发过程中并未能得到充分利用。因此，在民宿开发过程中，迫切需要整合满城的自然风光、历史文化、红色文化，形成“民宿＋景区”的系列主题特色场景。具体做法有以下三方面：一是整合民宿周边自然景观资源。满城柿子沟青山绿水，风光旖旎，附近有海拔一千多米的玉皇坨、玉皇庙、木兰溶洞；有华北平原峡谷奇观的车厂村、处于原生态旅游沟的黄龙寺村；有“北方小桂林”之称的龙门湖，以及龙潭峡谷的白龙乡龙潭风景区，整合周边自然景观资源可以形成“民宿＋自然景区”的观光休闲场景。二是整合历史文化景观资源。满城汉墓被评为中国二十世纪百项考古发现之一，出土有“金缕玉衣”“长信宫灯”“错金博山炉”等汉代珍贵文物，是了解中国历史和墓文化的活教材。柿子沟乡村民宿可以和景区开展多种合作方式，形成“民宿＋历史文化”的场景。三是整合红色文化资源，把芝兰沟抗日烈士纪念碑、狼牙山五勇士革命教育基地等“红色旅游景区”整合形成“民宿＋红色景区”的爱国教育场景。在上述场景整合的基础上，乡村民宿应了解客人的具体需求并根据需求策划出突出游客个性化的出游路线以方便客人形成良好的场景体验，让游客了解其文化背景、历史知识、民间传说等，同时，扩大民宿的营销平台以提升经济效益。

4. 升级乡村民宿场景营销手段

一方面，升级乡村民宿人文关怀场景。在民宿场景中，民宿主人与住客之间的互动交流会比普通酒店更多，这些交流不仅限于语言上的沟通，也体现在日常的行动中，它们共同构成了民宿服务的“软场景”。乡村民宿经营者应对民宿服务人员积极地进行岗位培训，提高他们的专业技能和综合素质，让游客充分感受到不一样的民宿关怀。例如，把游客当作家人一样的关心，为其提供恰当的信息服务、个性化的旅游推介；真心帮助游客解决一些出游中遇到的小问题，将会使游客感受到温暖，产生舒服的旅游体验。同时，借助这些交流，可以产生民宿口碑效应，提高乡村民宿的满意度和美誉度。另一方面，升级乡村民宿线上营销手段。在“互联网＋”背景下借助民宿住客的主动式宣传往往能取得更好的效果。例如，通过强化民宿庭院的石砌墙、彩绘墙、石板路、草染作品、采摘体验、农事活动等具有地方特色的线下场景的设计与搭建，吸引游客参与进来，形成“体验—分享—宣传—体验”的良性循环。这种游客自发的、不经意间通过微博、微信等新媒体媒介发出的照片、游记、感悟更具真实性，间接帮助民宿做了宣传，提高了民宿的知名度。此外，民宿还可以建立网上社群来吸引旅游爱好者，定期发布消息或者举办民宿“寻宝”活动，通过寻找“最美”活动激发社群力量，加大对民宿的宣传力度。

第四章　现代民宿安全管理及服务危机策略

民宿行业在市场规模不断扩大的同时，安全管理及服务危机也日益凸显。本章主要介绍了民宿基础安全管理、民宿日常运营安全管理、民宿危机管理的程序、常见民宿危机及处理。

第一节　民宿基础安全管理

一、民宿建筑安全

（一）民宿经营场地安全

《旅游民宿基本要求与评价》中明确提出“民宿经营场地应无地质灾害和其他影响公共安全的隐患”，强调民宿建筑安全是经营的前提和基础。一般来说，民宿建筑的安全要从选址安全、建筑安全、环境安全三个方面进行考虑。

1．选址安全

（1）选址基本要求

建筑选址是指建筑物及其群体的建造地点的选择，通常根据各种自然地理条件及社会人文状况，综合考虑环境影响、建设技术能力水平、效益等因素。建设项目选址应遵循合理布局、节约土地、集约发展的原则，主要有以下四方面要求：

①符合国家和地区城乡总体规划、土地利用规划、环境保护规划等。

②节约用地，不占用农田，充分利用荒地、劣地。

③不占用公路建筑控制区、不占用水利红线、不破坏林地。

④有良好的工程地质、水文、气象、防洪防涝、防潮、防台风、防地质灾害、防震等条件。

（2）民宿选址安全要点

民宿选址需要分析社会环境和自然环境，这是民宿顺利建设、安全使用、经营成功的基础。社会环境角度主要考虑区域政策、区域客流稳定性、区域基础配套条件以及区域文化习俗等。自然环境角度主要考虑地形、气象、水文等自然地理条件以及工程地质条件的影响，民宿应尽量选择无地质灾害和不会影响其他公共安全的区域。

民宿建筑改造设计前，设计人员应现场勘查了解建筑物场地条件，重点勘查建筑物周边的地形、河流、湖泊、山坡、挡土墙等环境条件，并了解建筑物周边的其他建筑物、道路交通、施工场地、管线布置等施工条件。

①地形条件。

地形是指地表高低起伏状况、山坡陡缓程度与沟谷宽窄及形态特征等，主要有平原、丘陵、山地三类。地形起伏、土层厚薄和基岩露出情况、地下水埋藏特征和地表地质作用现象都具有不同的特征，这些因素会直接影响到建筑用地范围、建筑设计、道路管线布置、场地平整土石方工作量等，一般平坦而简单的地形最适宜建设使用。

民宿建筑选址宜因地制宜，充分利用和结合自然地面坡度（适宜坡度是0.3%～10%），有利于减少建设过程中土方平整的工作量，降低建设成本。例如，西南少数民族多居住于气候潮湿且炎热的山区，为了通风避潮和防止野兽，常在依山或傍水的地方选择较为平缓的坡地，一半平整土地，另一半依据山势用长短不一的木柱支撑，架木铺板，与挖平的场地合为一个平坦的整体，再在此整体上建房，形成独特的吊脚楼。

②气候条件。

气候是指任一地点或地区在一年中或者若干年中所经历的天气状况，风向、日照、气温和降水等对建筑布局、防寒、保温、隔热、遮阳、通风的设计都有影响，因此在民宿选址时应重视。

我国幅员辽阔，各地气候差异较大，《民用建筑设计统一标准》中根据气温、湿度、年降水量等指标把我国划分为严寒地区、寒冷地区、夏热冬冷地区、夏热冬暖地区、温和地区等不同气候区。根据气候条件，不同地区建筑节能设计重点不同，如炎热地区的建筑需要遮阳、隔热和通风，以防室内过热，而寒冷地区的建筑则要防寒和保温，让更多的阳光进入室内。

总体来看，常年温度宜人、光照及降水量适度、无长时间极端天气的区域选址建设较优，有利于延长民宿经营时间。我国的青藏高原风景优美、民族风情独特，但由于高海拔，空气比较干燥、稀薄，太阳辐射比较强，气温比较低，适宜旅游的时间不到半年，旅游淡旺季差异明显，民宿业主经营压力较大。

③生态条件。

生态指生物之间和生物与周围环境之间的相互联系、相互作用。具体来说，一种自然环境中的地表形态、土壤、河流、动植物分布之间是具有相对平衡和稳定的生态系统的，与人类生存和发展息息相关。

生态保护包括自然生态、水生态、海洋生态、大气环境、土壤生态的环境保护，也包括固体废物与化学物品管理、核辐射安全监管等。近年来我国不断加强对生态保护红线的管理，在自然生态服务功能、环境质量安全、自然资源利用等方面实行严格保护的空间边界与管理限制。自然保护区、森林公园、风景名胜区、世界文化自然遗产、地质公园等属于禁止开发建设的红线范围。民宿选址应严守生态环境底线，尊重山、水、林、田、湖、草等生态脉络，注重与自然和农业景观互动，不挖山填湖、不破坏水系、不砍老树，顺应地形地貌，尽可能减少对生态环境的影响。

④工程地质条件。

工程地质条件指对工程建筑有影响的各种地质因素的总称，主要包括地形地貌、岩土性质、地质构造、地震、水文地质条件、物理地质现象等。不良的地质条件主要有冲沟、滑坡、崩塌、断层、岩溶、地震等，而土质松软、覆盖土层厚、地下水位高、地形起伏大、地面裂缝等情况，都可能使地质灾害加重。工程地质条件的好坏直接影响建筑总平面布置、地基基础设计与施工的安全性和建设成本。

对地震多发地区建筑选址应注意选择对防震、抗震有利的场地，通常应该是地形平坦开阔、岩土坚硬均匀的地方。建设地点周边没有大的断裂带，地下水埋深较大，附近无坍塌、滑坡、岩溶等不良地质现象。容易发生开裂、沉陷、滑移的陡坡、山包等都是不利于抗震的场地。

总体而言，民宿选址要避开自然灾害易发地段，合理避让山洪、滑坡、泥石流、崩塌等地质灾害危险区，不在陡坡、冲沟、泛洪区和其他灾害易发地段建房。

2. 建筑安全

（1）建筑布局要点

建筑场地指建筑用地范围内所承载的所有物质、空间要素及相应的活动内容，包括建筑物、广场、道路、绿化、水体、综合管线等，这些因素相互联系和影响。通俗地讲，一定地理位置上的建筑除了满足人们生产生活的需要，还会影响其周围环境、相邻建筑物以及人们的生活和安全。因此，建筑场地设计应遵守国家相关设计规范要求，根据建筑用途，建筑物的面积、长度、高度、使用性质和防火要求，科学、合理、安全地进行平面布局，也称为总平面布置。我国《民用建筑设计统一标准》从建筑布局、道路与停车场、竖向、绿化、工程管线布置多个方面对建筑场地设计做出了技术基本要求。

①建筑场地平面布局。

合理组织流线，防止干扰。建筑布局应使建筑场地内的人流、车流与物流合理分流，防止相互干扰，并应有利于消防、停车、人员集散以及无障碍设施的设置。

合理布局，预防自然灾害。建筑布局应根据地域气候特征，防止和抵御寒冷、暑热、疾风、暴雨、积雪和沙尘等灾害侵袭，并应利用自然气流组织好通风。

合理设置建筑间距，保证建筑采光和消防安全。对建筑物进行合理布局和设置防火间距，有利于防止火灾在相邻建筑间蔓延，为人员疏散和灭火救援提供条件。各区域之间的防火间距应符合消防技术规范和有关地方性法规要求。民宿客房、餐厅、大厅等主要功能房间应该有直接采光，地下室和半地下室作为日常使用时，宜利用窗井或下沉庭院等进行自然通风和采光，以满足安全、卫生及节能的要求。

合理布局，降低环境噪声影响。民宿建筑选址尽量避开噪声较大的主要街道和工业厂房，减少室外噪声对民宿的影响。建筑布局时应综合考虑建筑间距、朝向、功能房间布置等，阻止或降低环境噪声。从建筑平面布置上宜将客房等声音环境要求较高的房间设置在噪声较低的一侧，同时注意合理设置空调主机、水泵等有噪声源的附属用房，防止对建筑及邻近建筑产生噪声影响。在室外噪声较大的环境下，建筑要采取有效隔声措施，如选择隔声性能良好的密闭窗户等，达到降低噪声的目的。

②建筑场地竖向设计。

建筑场地标高宜高于设计防洪、防涝水位至少 0.50m，高于市政道路最低路段标高 0.20m，否则应采取建筑物加高、修建防洪墙、设置围堤等防洪防涝措施。

建筑场地标高设计应考虑雨水的有效收集与排放，保障场地不产生内涝。建筑底层出入口处应采取措施防止室外地面雨水回流；下沉式庭院周边和车库坡道出入口处应设置截水沟，可在场地相对低洼处设计下凹式绿地调节和蓄积雨水；当场地外围有较大水流汇入或穿越场地时，宜设置边沟或排（截）洪沟，有组织地进行地面排水。

民宿同时宜处理好与相邻建筑及场地的竖向关系，场地标高与相邻基地标高相协调，不得妨碍相邻基地的雨水排放；满足周边建筑物的日照标准；紧贴建筑基地边界建造的建筑物不得向相邻建筑基地方向开设洞口、门、废气排放口及雨水排泄口。

③建筑功能区布置。

民宿建筑内的空间布局应与管理方式和服务相适应，做到功能分区明确、内外交通联系方便、各种流线组织良好，保证客房及公共空间具有良好的居住和活动环境。出入口内外流线应合理并应避免“客”“服”交叉，“洁”“污”混杂及噪声干扰。

一是客房区。

客房部分与公共部分、辅助部分宜分区设置。客房应尽量保证自然通风和采光，客房内部合理布置家具及设施，避免空调内机送风口直吹床头。

无障碍客房应设置在距离室外安全出口最近的客房楼层和位置。

相邻客房之间、客房与公共部分之间的阳台应分隔，且应避免视线干扰。

客房内卫生间空间狭小时，应综合考虑卫生间门的开启方式及方向、洁具布置、淋浴隔间开门方式、采暖设施等相互关系，避免影响洁具安装及使用。

二是多功能区。

多功能厅可包含门厅、餐厅、休息厅等使用功能，兼有餐厅功能时，宜设置专用的服务通道，并与厨房或备餐间相邻。多功能厅中宜设置能灵活分隔且相对独立的使用空间的隔断，进行合理空间划分。同时，多功能厅宜设置有前室的卫生间。位于阳台、外廊及开敞楼梯平台下部的公共出入口，应采取防止物体坠落伤人的安全措施。

三是辅助工作区。

厨房应具备自然通风的条件且与餐厅联系方便，避免厨房的噪声、油烟、气味及食品存放、运送等对餐厅及其他公共空间、客房造成干扰。

厕所、卫生间、盥洗室和浴室应根据功能合理布置，选择方便使用且相对隐蔽的位置，不应设在餐厅、厨房、食品储藏等有严格卫生要求用房的直接上层，并应避免其产生的气味、潮气、噪声等影响或干扰其他房间。

水箱间不宜设计在客房上方，水箱间地面应做防水隔音楼面且应考虑固体传音，水箱间内水泵设备不应直接放在楼板上，其设备基座及设备底部均应设置减震垫。

走道、楼梯间、公共卫生间宜有自然采光和自然通风。

地下室和半地下室作为日常使用空间时，应满足安全、卫生及节能的要求，且宜利用窗井或下沉庭院等进行自然通风和采光。

（2）建筑构造安全

建筑构造是建筑物各组成部分的材料选用及建造做法，是建筑设计的重要内容。建筑构造包括基础、墙柱、楼板、屋顶、门窗、楼梯等构件。

建筑构造设计原则主要有：满足建筑功能要求、利于结构安全、适应建筑工业化要求、考虑建筑节能与环保要求、经济合理和美观。

根据建筑的功能、材料性质、受力情况、施工方法和建筑形象，选择合理的构造方案，满足建筑功能、结构安全、建筑施工、节能环保、经济合理和美观要求。

①墙体。

外墙应根据当地气候条件和建筑使用要求，采取保温、隔热、隔声、防火、防水、防潮和防结露等措施。

墙体受潮主要有两个原因：一是雨水溅到墙上使墙体直接受潮，二是因为地下水影响或雨水下渗，墙脚周边土壤中潮气沿着墙体上升，导致墙体成墙面受到侵蚀。因此，墙体防潮主要办法是合理设置防潮层。

墙体防潮层是设于墙体底部或地下室外墙外侧的憎水性或半憎水性材料层中，常用的刚性防潮材料有水泥浆、水泥砂浆、防水水泥砂浆、细石混凝土及防水混凝土等；常用的柔性防潮材料有沥青及防水卷材等。

墙体防潮重点需要做好以下方面：砌筑墙体应在室外地面以上、位于室内地面垫层处设置连续的水平防潮层；室内墙面有防潮要求时，其迎水面一侧应设防潮层；室内墙面有防水要求或者室内相邻地面有高差时，应在高差处墙身贴邻土壤一侧加设防潮层。

外窗台应进行防水排水处理，如外窗台上设置向外的流水斜坡，使内窗台高于外窗台，在窗帽上做鹰嘴或滴水槽。

外墙上的空调室外机搁板设计应确保冷凝水能够有效排放，同时，必须采取适当的构造措施以防止雨水倒灌和外墙受潮。

②楼地面。

楼地面应做到平整、耐磨、不起尘、环保、防污染、防滑、隔声、易于清洁等，重点做好用水地面的防渗漏。

楼地面防渗漏主要做好以下方面：厕浴间、厨房等用水房间或经常被浸湿的楼地面应采用防水、防滑类面层，且应低于相邻楼地面，并设排水坡和坡向地漏；阳台地面宜做防水，并设置排水设施。

厨房、卫生间的楼地面应设置防水层，采用不吸水、易冲洗、防滑的面层材料，墙面、顶棚应设置防潮层，门口宜设门槛等挡水设施。

厨房楼地面应设置防水层，墙面设置防潮层；厨房设置在非用水房间的下层时，顶棚应设置防潮层。

楼层结构必须采用现浇混凝土或整体预制混凝土板，混凝土强度等级不应低于20；楼板四周除门口外应做混凝土翻边，其高度不应小于200mm。

楼地面的防水层在门口处宜水平延展，向外延展长度不小于0.50m，向两侧延展宽度不小于0.20m。楼地面防滑面层可以铺设防滑地砖、防滑垫、防腐木等材料，或将地面石材拉槽、凿毛、嵌入防滑条以增加防滑力，也可以在地面涂防滑剂进行处理。

③屋面。

屋面是建筑物最上层的外围护构件，用于抵抗自然界的雨、雪、风、霜、太阳辐射、气温变化等不利因素的影响，保证建筑内部有一个良好的使用环境，屋面应满足坚固耐久、防水、保温、隔热、防火和抵御各种不良影响的功能要求。

屋面渗漏是建筑的常见问题，屋面变形缝、后浇带、穿墙管、女儿墙、雨水口等与底板连接处是造成屋面渗漏的重要部位。做好屋面渗漏防治需要从防水设计、施工、材料、管理维护等方面进行综合管理。

在屋面防水工程中注意做好以下方面：基层保证坚固、平整、干净、干燥；基层与突出屋面结构（如女儿墙、立墙、变形缝等）的连接处，以及基层的转角处（水落口、檐口、天沟等）做成圆弧；檐口、女儿墙等细部构造处，应设置为卷材收头的凹槽，檐口下端应设置鹰嘴或滴水槽。

④门窗。

门窗应满足抗风压、水密性、气密性等要求，且应综合考虑安全、采光、节能、通风、防火、隔声等要求。门窗与墙体应连接牢固，不同材料的门窗与墙体连接处应采用相应的密封材料及构造做法。外门窗框与门窗洞口之间的缝隙，应采用聚氨酯高效保温材料填实，并用密封膏嵌缝，不得采用水泥砂浆填缝。外门窗洞口周边的侧墙应进行保温处理。

为了减少由门窗传入的噪声，外墙的门窗缝必须严密。沿街的住宅或环境噪声较大时，建筑外窗应采用隔声性能好的PVC型材（由PVC树脂添加各种功能助剂后，经高温挤出成型的工业用品和生活用品。其中PVC指聚氯乙烯，一种合成聚合物）或隔热断桥铝型材和中空玻璃，增强隔声性能，中空玻璃的空气层厚度不宜小于9mm。

门的设置安全要点如下：

第一，门应开启方便、坚固耐用。

第二，手动开启的大门扇应有制动装置，推拉门应有防脱轨的设置。

第三，双面弹簧门应在可视高度部分安装透明安全玻璃。

第四，推拉门、旋转门、电动门、卷帘门、吊门、折叠门不应作为疏散门。

第五，疏散走道及楼梯间的门扇开足后，不应影响走道及楼梯平台疏散宽度。

第六，全玻璃门应选用安全玻璃或采取防护措施，并应设置防撞提示标志。

窗的设置安全要点如下：

第一，窗扇的开启形式应方便使用、安全和易于维修、清洗；公共走道的窗扇开启时不得影响人员通行，其底面距走道地面高度不应低于 2m。

第二，建筑临空外窗的窗台距楼地面净高不得低于 0.90m，否则应设置防护设施，防护设施的高度距离地面不应低于 0.90m。

第三，当凸窗窗台高度低于或等于 0.45m 时，以及凸窗可开启窗扇但窗洞口底距离窗台面的净高低于 0.90m 时，窗洞口应有防护措施，从窗台面起算不应低于 0.90m；当凸窗窗台高度高于 0.45m 时，其防护高度从窗台面起算不应低于 0.60m。

第四，外窗开启窗的设计除了满足通风、采光、安全防护的要求，同时应便于窗户清洁、室外空调机的安装与维修。开启窗的执手高度应方便开启，执手高度从可踏面计算不宜高于 1.80m。开启窗的设置应避免相邻开启窗扇相互遮挡或周边墙体影响窗扇开启。

第五，公共部位外窗开启时，不应影响日常交通使用，设计有效的疏散宽度。

第六，当外窗采用推拉窗时，应采取措施防止窗扇脱落。

第七，天窗应采用防破碎伤人的透光材料，有防冷凝水产生或引泄冷凝水的措施，应设置方便开启清洗、维修的设施。

⑤楼梯。

楼梯段是楼梯的主要组成部分之一，它是供人们上下通行的，因此楼梯的宽度、高度必须满足上下人流及搬运物品的需要。

楼梯段宽度一般依据通行人数的多少、防火要求、搬运物品等因素进行确定，每股人流按 550mm+（0～150mm）计算。

楼梯常用坡度范围在 25°～45°，其中以 30° 左右较为适宜。踏步尺寸应考虑步幅大小，以成人为例，踏步的高度以 150mm 左右较适宜，不应高于 175mm；踏步的宽度（水平投影宽度）以 300mm 左右为宜，不应小于 260mm。

为保证人员正常的通行和疏散，楼梯段净宽不宜小于1.10m，楼梯平台净宽不应小于楼梯段净宽。

楼梯平台上部及下部过道处的净高不应小于2m，梯段净高不应小于2.20m。梁底距地面高度小于2m时，应采取防碰撞措施。

当楼梯井（楼梯段及平台围合成的空间）净宽大于0.11m时，必须采取防止儿童攀滑的措施；楼梯井净宽大于0.20m时，宜采取防止少年儿童坠落的措施。

⑥安全防护。

一是防滑。

台阶、坡道应采取防滑措施，可采用饰面防滑、设置防滑条等。

二是防坠落。

台阶或坡道总高度超过0.70m时，应在临空面采取防护设施。阳台、外廊、室内回廊、内天井、上人屋面及室外楼梯等临空处应设置防护栏杆，栏杆应以坚固、耐久的材料制作。如阳台、外走道、屋顶等遭受日晒雨淋的栏杆部位，不得选用木材和易老化的复合塑料做主体材料。

当临空高度在24m以下时，栏杆高度不应低于1.05m；当临空高度在24m及以上时，栏杆高度不应低于1.10m。上人屋面和临开敞中庭的栏杆高度不应小于1.20m。栏杆高度应从楼地面完成面或屋面面层至栏杆扶手顶面垂直高度计算，如栏杆底部有距离楼地面或屋面0.45m以下的台面、横栏杆等容易造成无意识攀登的可踏面，应从可踏面起计算，可踏面以下不计入栏杆高度。

栏杆应设计成防止攀爬的构造，防止儿童攀爬；当采用垂直杆件做栏杆时，其杆件净间距不应大于0.11m。放置花盆处必须采取防坠落措施。

三是防撞。

安装在容易受到人体或物体碰撞部位的玻璃，如落地窗、玻璃隔断等，应采取防护措施。防护措施应结合易发生碰撞玻璃的不同部位，分别采取警示（在视线高度设置醒目标志）或防撞设施（如护栏）等，对于碰撞后可能发生高处人体或玻璃坠落的情况，必须采取可靠防护。

在无人行道的路面上空，高度在4m以下不应设置凸窗、窗扇、窗罩、空调机位等建筑构件；4m及以上突出凸窗、窗扇、窗罩、空调机位时，其突出深度不应大于0.60m。建筑物和建筑突出物均不得在道路上空直接排泄雨水、空调冷凝水等，避免方式安全事故。

3. 环境安全

环境保护包括环境生态保护和公害防治两个方面。环境生态保护主要指建筑与周围大气、土壤、水等方面的生态平衡保护；公害防治则包括废水、废气、废渣和噪声问题的预防和治理。

（1）地质灾害防范

民宿建筑应选择在地质环境安全，且可获得天然采光、自然通风等条件的地段建设，场地周边有冲沟、滑坡岩土体的情况下，应做好防护措施，防范地质灾害。

①山体滑坡征兆。

山坡附近建设的房屋，应关注山坡变化，及时发现滑坡前的征兆，通常有以下现象：

滑坡前缘突然出现规律排列的裂缝。

滑坡前部，甚至中部出现横向及纵向放射状裂缝时，表明滑坡体向前推挤受到阻碍，已经进入临滑状态。

建在斜坡上的多处房屋地板、墙壁出现明显拉裂，墙体歪斜。

滑坡体上电杆、烟囱、树木、高塔出现歪斜，说明滑坡正在蠕滑。

滑坡体上的树木歪斜，东倒西歪，显示滑坡已滑动解体。

动物出现异常反应，如猪、牛、鸡、狗等惊恐不宁，不入睡，老鼠乱窜不进洞等现象，要提高警惕。

②山体滑坡的防范措施。

一是保持安全距离。

房屋后墙与开挖的人工边坡应留出安全距离以缓冲滑落坍塌的岩土体，一般安全距离应大于边坡高度的四分之三。

二是加强边坡支护。

当受场地条件限制，切坡坡度和高度过大或者无法保证足够的缓冲区则考虑对边坡进行工程支护，如修建挡土墙等。开挖的废弃土石方不要随意顺坡堆放；填土地基土层较厚且有填土坡时，最好在坡脚砌筑重力式挡土墙。

三是做好边坡排水。

做好房前屋后、上下边坡坡面的截水排水工程。在边坡的外围修建环形排水沟以减轻雨水、生活污废水对山坡的冲刷和渗入，排水沟宜用石砌或砖砌，禁止使用土沟。

管理好山坡上的引水供水管网。在房屋所处斜坡上部，尽量不布置小水渠、引水管、塘坝、蓄水池等供水系统，如果不能避免，则应加强检查维护，做好防渗漏措施。

四是排除滑坡隐患。

砍除切坡开口线上方5～10m范围的高大树木。虽然植被一般有利于稳定边坡，但是切坡上的高大树木可能会因为狂风的袭击而抓地不稳或者暴雨的侵蚀而根部稀松从而增加滑坡危险。

五是优化建筑设计。

房屋功能布局上，临近坡面的区域尽量设置为卫生间、储藏室等辅助空间，不要作为客房。加固房屋重点部位，调整房屋使用功能。提倡房屋规范设置圈梁，采用现浇楼板，增强房屋整体刚度。靠近高陡切坡面的一面后墙，可考虑增加墙体厚度、缩小窗洞尺寸、增加钢筋混凝土柱的数量、采用现浇混凝土墙等方式，增强抗冲击挤压能力。

（2）生态安全保护

①垃圾处理。

民宿建设和经营过程中会产生一定的建筑垃圾和生活垃圾，应科学进行垃圾分类处理和集中运输，减少环境污染。

将生活垃圾进行分类通过回收有用物质，减少生活垃圾的处置量，减少生活垃圾的污染，提高可用回收物质的利用率，最大限度减少对环境的污染。

生活垃圾分类的基本原则是按生活垃圾的不同性质进行分类，通常分为厨余垃圾、可回收垃圾、有害垃圾、其他垃圾四类，具体的分类方法根据当地的生活垃圾处理设施条件进行划分。

生活垃圾收集容器应当使用国家规定的标准标识和颜色，主要为绿色、蓝色、灰色和红色。红色（橙色）代表不可回收且带有危害的物质，如废电池、废旧灯管、废油漆、过期药品、化妆品、杀虫剂、废温度计等。

绿色代表可以回收利用的厨余垃圾，厨余垃圾可以用作植物养分被分解吸收。

蓝色代表可回收利用的垃圾，如玻璃、塑料、纸张、金属等，这些材质的垃圾可以作为再生资源使用。

灰色代表除了有害物质和可回收物质的垃圾，如砖瓦、陶瓷、渣土、废旧纸巾等，这类不易回收的废弃物会被焚烧、掩埋处理。

民宿装饰装修过程中产生的建筑垃圾、废旧家具家电等体积较大的废弃物品，应当按照当地生活垃圾分类管理规定的时间、地点和要求单独堆放。

多个单体民宿建筑集中布置时，宜设置垃圾中转站，垃圾中转站位置宜靠近车行道，并应采取通风、除湿、防蚊蝇等措施。

②污水处理。

民宿排放的污水主要有餐厨生活污水、卫生间污水、洗涤污水等，一般来说，污水浊度大、有机含量高，因此应进行一定的净化处理，达标后再排放。

民宿建筑污水处理应结合实际，充分考虑区域规划、自然环境、经济发展、施工条件、运维水平等因素，采用污染治理与资源环境相结合的处理方式。

民宿建筑周边有市政污水排水系统时，生活污水应经过化粪池处理达到标准后再排入市政污水排水系统；厨房及餐厅等含油污水，应经过隔油设施处理后再排入室外污水管道。

民宿建筑周边无市政污水排水系统时，应设置化粪池和污水处理设施，经过一定净化处理达标后再排放，生活污水处理设施宜采用成品一体化污水处理装置。

乡村、城镇的生活污水处理设施排水应分别达到现行《农村生活污水处理导则》《城镇污水处理厂污染物排放标准》相关标准后再排入周边雨水管网或周边河流。

化粪池宜用于处理厕所污水，生活污水不得排入化粪池。化粪池宜选用预制化成品，容积包括储存污泥的容积。污水在化粪池中停留时间宜为24～36h，清掏周期宜为3个月至12个月。化粪池池壁和池底应进行防渗处理，不得污染地下水和周边环境，应采取防臭和防爆措施。

（二）民宿结构安全

1. 结构安全要求

（1）建筑结构一般要求

建筑结构指建筑中能承受作用并具有适当刚度的由各连接部件有机组合而成的系统，结构在物理上可以区分出来的部件称为结构构件。

建筑结构设计应符合国家及各地市的技术经济政策的要求，做到安全适用、经济合理、保证质量、绿色环保、施工方便。建筑结构的设计应明确设计年限、结构用途和使用条件，想要改变原有建筑的结构和使用环境需要经过技术鉴定或设计许可。

建筑结构在设计使用年限内应具有足够的安全性、适用性和耐久性。

（2）结构改造安全要求

建筑结构应保证足够的安全性、适用性和耐久性。建筑结构改造应保证结构安全性与适应性，有条件的情况下，宜采用轻钢结构、木结构、钢木混合结构等性能好、绿色环保、便于施工的结构形式。建筑材料选用应符合抗震设计规范要求，宜采用高性能环保材料。

建筑结构安全等级不宜低于二级。按照建筑结构被破坏可能产生的后果（危及人的生命、造成经济损失、对社会或环境产生影响等）的严重性，将其安全等级分为一级、二级、三级，分别对应很严重、严重、不严重的破坏后果。民宿建筑的结构安全等级不宜低于二级，且结构中墙体、梁、楼板、柱等各类结构构件的安全等级宜与整体结构的安全等级相同。

（3）结构安全管理要求

环境对结构可能产生各种机械的、物理的、化学的或生物的不利影响，引起结构材料性能劣化，降低结构安全性或适用性，从而影响结构耐久性。建筑结构在使用过程中应进行安全管理，控制和避免各种偶然事件的发生或减轻偶然事件对结构整体稳固性的影响。

房屋结构进行维修加固时，不应削弱已有的荷载传递途径，结构用途变更应对结构整体稳固性重新进行评估，包括偶然事件评估和结构抗连续倒塌能力评估。

2．改造与加固设计安全

（1）建筑改造前准备

①资料收集。

民宿建筑改造设计前，宜根据改造设计需要收集、查阅下列设计资料：

原工程设计文件，包括民宿建筑设计图纸、结构设计图纸（含设计变更通知书）、结构计算资料等；原工程施工资料，包括工程竣工图纸、工程质量保证资料等；改造项目的建筑设计图纸、装修设计图纸；岩土工程勘察资料；既有结构的可靠性鉴定报告与抗震性能鉴定报告；前期使用过程中改扩建和加固维修的设计文件及施工资料；其他与改造设计相关的资料，包括建筑场地地形、周围建筑物、室内外管线、周边道路通行条件等。

②现场踏勘要点。

民宿建筑改造设计前，设计人员应进行现场踏勘，对建筑物使用条件、使用环境和结构现状进行调查与检测；调查的内容、范围和技术要求应满足结构鉴定的需要，并应对整体结构的牢固性现状进行调查。

使用条件和使用环境的调查与检测应包括结构上的作用、建筑所处环境与使用历史情况。建筑物的使用环境应包括周围的气象环境、地质环境、结构工作环境和灾害环境。

建筑结构现状重点了解建筑物结构体系、平面布置、楼层分布、使用过程等情况，并查看结构变形、构件破损、钢材锈蚀、木材腐烂、虫蛀等损伤情况。

建筑物使用历史的调查，应包括建筑物设计与施工、用途和使用年限、历次检测、维修与加固、用途变更与改扩建、使用荷载与动荷载作用以及遭受灾害和发生事故的情况。

③结构可靠性鉴定。

民用建筑结构如果涉及延长使用年限、改变用途、改变使用环境、改建扩建、加固、修复时，应根据《民用建筑可靠性鉴定标准》对既有结构进行可靠性鉴定，由有资质的单位提供可靠性鉴定报告。

建筑结构可靠性鉴定主要包括安全性、使用性鉴定评级和可靠性评级。建筑结构可靠性鉴定是对民用建筑承载能力和整体稳定性等的安全性以及适用性和耐久性等进行的调查、检测、分析、验算和评定等一系列活动。安全性鉴定是对民用建筑的结构承载力和结构整体稳定性所进行的调查、检测、验算、分析和评定等一系列活动。使用性鉴定是对民用建筑使用功能的适用性和耐久性所进行的调查、检测、分析、验算和评定等一系列活动。

按照国家规范要求的民用建筑可靠性鉴定评级的层次、等级划分、工作步骤和内容，以其安全性和使用性鉴定结果为依据逐层进行。

④结构抗震鉴定。

民宿改建可能存在原设计未考虑抗震设防，或抗震设防要求提高，或改变结构用途和使用环境，或既有结构的抗震设计不符合现行相关标准规范，以及其他有必要进行抗震鉴定的情况，在改造前应按照现行国家标准《建筑抗震鉴定标准》进行抗震鉴定，并根据鉴定结论采取相应的抗震加固措施，在相同概率保证的前提下，保证现有建筑在后续使用年限内实现“小震不坏、中震可修、大震不倒”的抗震设防目标。

抗震鉴定分为两级。第一级鉴定应以宏观控制和构造鉴定为主进行综合评价，第二级鉴定应以抗震验算为主结合构造影响进行综合评价。

现有砌体房屋的抗震鉴定，应按房屋高度和层数、结构体系的合理性、墙体材料的实际强度、房屋整体连接构造的可靠性、局部易损易倒部位构件自身及其与主体结构连接构造的可靠性以及墙体抗震承载力的综合分析，对整幢房屋的抗震能力进行鉴定。重点检查房屋的高度和层数、抗震墙的厚度和间距、墙体实际达到的砂浆强度等级和砌筑质量、墙体交接处的连接以及女儿墙、楼梯间和出屋面烟囱等易引起倒塌伤人的部位。

多层砌体房屋的外观和内在质量应符合下列要求：

第一，墙体不空鼓、无严重酥碱和明显外伤。

第二，支承大梁、屋架的墙体无竖向裂缝，承重墙、自承重墙及其交界处无明显裂缝。

第三，木楼、屋盖构件无明显变形、腐朽、蚁蚀和严重开裂。

第四，混凝土梁、柱及其节点的混凝土仅有少量微小开裂或局部剥落，钢筋无露筋、锈蚀。

（2）结构加固与改造

①结构整体改造。

建筑结构改造设计时宜将原建筑的整体结构纳入改造设计范围，并进行相应的结构计算分析与结构设计，结构改造的设计内容可根据项目的实际情况确定，宜包括以下内容：

整体结构分析和计算应包括极限状态验算与抗震计算；新增结构的设计；既有结构新增荷载复核；新、旧结构的连接设计；改造过程中的防倒塌设计；相关的地基基础设计；满足特殊改造要求的结构专项设计。

②结构局部改造。

当改造仅涉及结构局部且同时满足下列要求时，改造范围以外的结构可不纳入改造设计范围，仅按满足原设计适用规范的要求进行可靠性鉴定。结构局部改造的情况：

改造不需要延长设计使用年限；改造对整体结构安全性的不利影响较小，如新增结构与既有结构设置了可靠的结构缝脱开；改造前未曾改变使用条件、使用功能，未曾进行降低结构性能改造；建筑物前期正常使用，未曾遭受火灾、地震、爆炸、洪水、非正常的撞击等灾害性损伤。

③结构加固。

建筑功能改造时房屋应具备较好的整体性，当房屋整体性不满足要求时，应采取相应的加固措施。经可靠性鉴定需要进行加固的结构，或者出现下列情况时，结构改造时应进行结构加固设计：

既有结构的承载力严重不足，且可能导致改造过程中难以预防的失稳或坍塌；既有结构由于受损严重而出现随时倒塌的险情，且险情尚未排除；既有结构由于地基基础变形而开裂或倾斜，存在倒塌的危险，且险情尚未排除；可能在改造过程中发生难以预防的失稳或坍塌的其他情形。

例如，对于多层砌体结构民宿，当层数为 3～4 层时，应在底层和檐口标高处各设置一道圈梁；当层数超过 4 层时，还应在所有纵横墙上隔层设置圈梁，加强结构刚度。砌体结构承重墙体布置不均匀时，可对原有薄弱砌体墙进行加固，或在薄弱部位增设砌体墙或钢筋混凝土墙。当纵横墙连接较差时，可采用钢拉杆、长锚杆，外加柱子或外加圈梁等措施；当无构造柱、圈梁时，应增设构造柱、圈梁或采取其他有效措施。

底层框架砌体结构中，当底层刚度较弱、刚度明显不均匀时，可增设钢筋混凝土剪力墙、翼墙、支撑或消能部件（由消能器或支撑或连接消能器构件组成的部分）。楼盖、屋盖构件支承长度不满足要求时，可增设托梁或采取增强楼盖、屋盖整体性等措施。

（3）结构安全防护

①一般措施。

建筑室内外环境可能对建筑结构产生侵蚀，包括生物作用、气候影响、人类活动、介质侵蚀等。生物作用如木结构的虫蛀和腐朽、植物根系造成损伤、动物粪便和细菌损伤；气候影响下结构可能出现冻融损伤、风沙造成磨损和水流动造成损伤、太阳辐射及高温造成材料老化、温湿度变化导致结构构件变形开裂或膨胀、水分子进入材料内部的介质结晶造成损伤等。建筑使用中应定期检测维修，加强防护，当结构出现可见耐久性缺陷时及时进行处理。

日常应关注下列现象：木结构出现霉菌造成的腐朽、虫蛀现象、白蚁侵害、防潮层丧失防护作用或出现脱胶现象；木结构的金属连接件出现锈蚀，构件出现翘曲、变形和节点区的干缩裂缝；钢结构材料出现锈蚀、防腐涂层丧失作用、构件出现应力腐蚀裂纹、防腐措施失去作用等情况；铝合金、铜合金等构件出现表面损伤、应力腐蚀裂纹、防护措施失去作用等。

当建筑结构中存在混凝土严重碳化、构件开裂受损、钢筋或钢结构锈蚀、木结构虫蛀、腐蚀严重等耐久性损伤时，应根据耐久性评定结论进行修复以及替换设计，使其达到与后续使用年限及环境类别相对应的耐久性要求。

②耐久性防护措施。

一是砌体结构。

砌体结构所处环境类别根据气候条件及结构使用环境条件，分为干燥环境、潮湿环境、冻融环境、氯侵蚀环境、化学侵蚀环境。砌体结构应选择满足工程耐久性要求的材料，建筑结构应有利于防止雨雪、湿气和侵蚀性介质对砌体的危害。砌体结构所处的干燥环境指干燥的室内外环境以及室外的防水防护环境。除干燥环境以外的其他环境类别中，砌体结构的钢筋应采取防腐处理及其他保护措施。

侵蚀环境下砌体结构应采取抗侵蚀和耐腐蚀措施。注意，配置钢筋的砌体不得使用掺加氯盐和硫酸盐类外加剂的砂浆。

随着建筑使用时间增加，砌体结构耐久性损伤主要体现在砖砌体泛霜、干湿交替下风化、冻融破坏、砌筑砂浆粉化等。砖砌体泛霜是指黏土原料中的可溶性盐类随着砖内水分蒸发而在砖表面产生的盐析现象，一般为白色粉末，常在砖表面形成絮团状斑点。砌体发生泛霜的主要原因是砌体砌筑材料中含有可溶性盐，或者外界有可溶性盐侵蚀，如盐雾或除冰盐，导致砌体表面疏松剥落，降低承载力。

房屋建设过程中预防泛霜可以从以下几个方面进行：使用碱金属氧化物含量低的水泥、含碱量低的砖及砌块、抹灰材料减少可溶性盐外加剂等。配置混凝土或砂浆时使用减水剂降低搅拌的用水量，降低混凝土或砂浆孔隙率，提高抗渗性能。在混凝土浇灌后加强养护，减缓干燥速度，加强混凝土和砌体抹面，提高表面抗渗性。

墙体局部泛霜可通过自来水清洗的方式解决。较为严重时可采用 2% 的草酸自来水溶液冲洗，除霜后及时使用清水冲洗表面，再对表面进行憎水处理。如果建筑表面泛霜严重，造成结构疏松、强度降低、表面剥落，则不宜用水洗、酸洗等方法处理，宜物理去除泛霜部位，使用低水灰比、低含碱量的水泥砂浆密实填补，再做好表面防水处理。

二是混凝土结构。

混凝土结构随着时间的推移出现材料劣化会降低其性能，混凝土材料的质量是影响结构耐久性的内因，而建筑结构所处环境是影响其耐久性的外因。混凝土材料的强度等级、水胶比和原材料组成应根据结构所处的环境类别、环境作用等级和结构设计使用年限来确定。结构所处环境指混凝土暴露表面所处的环境条件，当混凝土处于室内潮湿、室外露天、近海海风、盐渍土、冻土、使用除冰盐的环境、地下水浸润、水位变动等环境下时，可能发生碱—骨料反应、钙矾石延迟生成反应和环境水对混凝土的溶蚀以及混凝土材料劣化和钢筋锈蚀的情况，在这种情况下，应注意对混凝土结构加强耐久性保护。混凝土结构防腐蚀附加措施如下。（表4−1−1）

表 4—1—1　混凝土结构防腐蚀附加措施

<table>
<tr><th rowspan="2">环境类别</th><th rowspan="2">名称</th><th colspan="2">防腐蚀附加措施</th></tr>
<tr><th>混凝土</th><th>钢筋</th></tr>
<tr><td>Ⅰ</td><td>一般环境</td><td rowspan="5">表面涂层，硅烷浸渍</td><td>—</td></tr>
<tr><td>Ⅱ</td><td>冻融环境</td><td>—</td></tr>
<tr><td>Ⅲ</td><td>海洋氯化物环境</td><td rowspan="2">环氧涂层钢筋，阻锈剂，阴极保护</td></tr>
<tr><td>Ⅳ</td><td>除冰盐与其他氯化物环境</td></tr>
<tr><td>Ⅴ</td><td>化学腐蚀环境</td><td>—</td></tr>
</table>

混凝土结构在设计使用年限中应定期监测、维修，维护和更新构件表面防护层，当结构出现可见的耐久性缺陷时应及时处理。当混凝土构件表面出现膨胀裂缝、预应力钢筋开始锈蚀，结构表面混凝土出现可见的酥裂、粉化等耐久性损伤现象时，表明其耐久性达到极限状态。如果材料劣化进一步发展，则可能引起结构承载力问题，甚至引起结构破坏。

三是木结构。

木结构及构件耐久性防护主要根据当地气候、白蚁危害程度及建筑情况做好防水防潮处理及白蚁防治。

白蚁可通过建筑伸缩缝、地面裂缝、基础空洞、地面结构层与内外墙体缝隙、暖气管道、水煤气管道与建筑接口处等入侵建筑，多见于门窗框、壁板、卫生间等。在有白蚁危害地区建设房屋时，建设过程中应注意切断白蚁入侵建筑的途径，避免提供白蚁生存的环境条件。白蚁防治可以从以下方面着手：

第一，减少白蚁繁殖条件。在建筑场地平整过程中，注意清除场地内树根、木桩、旧木料碎屑及其他纤维，发现白蚊及时用药物灭杀。

第二，加强防水措施。对建筑地基做好排水处理，保持地基干燥；底层地坪下面设置防水层，避免填土层潮湿从而滋生白蚁；宜采用建筑外排水方式，雨水排水管直接与下水道相通，不与木结构接触，防止木结构受潮；注意建筑防水防渗漏，避免管道堵塞，保持房屋通风、采光和干燥。

第三，阻断白蚁蔓延路径。屋顶沉降缝和伸缩缝的两侧宜设置成倾斜坡状，上面覆盖锌铁皮防止雨水向下渗漏，楼板伸缩缝处可填充沥青麻丝以阻断白蚁。墙体中嵌入安装的木门框、窗框可在底部垫混凝土预制构件，防止白蚁沿墙爬升蛀蚀木材。

四是钢结构。

钢结构的构件耐久性宜综合考虑使用环境条件、施工维修等因素，做好防腐蚀措施，通常可采用涂层法、耐候钢、热喷铝复合涂层、阴极保护法和热浸锌。

3. 结构安全排查

我国乡村建筑主要采用砖混结构（含底框—砖混），即先砌墙再浇筑混凝土构造柱、梁、板的房屋，而近年来我国倒塌房屋中绝大多数也是此类建筑。倒塌的原因多为未经专业设计和施工、私自拆改主体结构、擅自改变使用功能导致荷载增加、施工质量差等。危房的表现主要有梁柱墙体等承重构件出现裂缝、结构构造及连接损坏、房屋倾斜等。

民宿应根据不同的建筑结构类型特点定期进行安全隐患排查，判别房屋是有重大危险、危险还是暂无危险的情况。在经排查确定房屋有重大危险时，应立即撤离人员，并拆除建筑物；危险房屋则应立即委托专业机构进行安全性鉴定，并根据鉴定结论分类处置；暂无危险的房屋可继续正常使用，但应进行定期检查与维护。

（三）民宿装修安全

建筑装修是指为了保护建筑物主体结构、完善建筑物使用功能和美化建筑物，采用装饰装修材料或装饰物，对建筑内外表面及空间进行的各种处理过程。

1. 装修污染防控

（1）室内环境污染基本知识

①室内环境污染防控基本要求。

建筑室内装修包括专业施工单位进行的建筑装饰装修工程，也包括家具添置、空调、消防材料和安装工作等，不同工作项目均应使用符合环保要求的材料，预防和减少建筑装修引起的室内环境污染，保证居住者健康，做到技术先进、经济合理、安全适用，确保质量。

《民用建筑工程室内环境污染控制规范》中将民用建筑工程分为两类，其中Ⅰ类民用建筑包括住宅、居住功能公寓、医院病房、老年人照料房屋设施、幼儿园、学校教室、学生宿舍等；Ⅱ类民用建筑包括办公楼、商店、旅馆、文化娱乐场所、书店、图书馆、展览馆、体育馆、公共交通等候室、餐厅等。不同类别的民用建筑室内环境污染场浓度限量要求如表 4–1–2 所示。

表 4-1-2 民用建筑室内环境污染物浓度限量

污染物	Ⅰ类民用建筑工程	Ⅱ类民用建筑工程
氡（Bq/m^3）	≤ 150	≤ 150
甲醛（mg/m^3）	≤ 0.07	≤ 0.08
氨（mg/m^3）	≤ 0.15	≤ 0.20
苯（mg/m^3）	≤ 0.06	≤ 0.09
甲苯（mg/m^3）	≤ 0.15	≤ 0.20
二甲苯（mg/m^3）	≤ 0.20	≤ 0.20
总挥发性有机化合物（mg/m^3）	≤ 0.45	≤ 0.50

②室内主要空气污染物。

室内环境污染主要来自建筑材料和装修材料中污染物的释放，污染物包括氡、甲醛、氨、苯、甲苯、二甲苯和总挥发性有机化合物（简称 TVOC）。

一是氡。

氡是一种放射性惰性气体，存在于含铀或钍的矿物中，能溶于水。当氡和其衍生物通过呼吸道进入人体后，往往会长期滞留在人体的整个呼吸道内，是导致人体呼吸系统疾病的重要原因之一。室内环境中氡主要来自地基土壤、地下水、天然气燃烧、建筑材料和室内装饰材料，特别是一些矿渣砖、炉渣砖等建筑材料（通常都含有不同程度的镭）和那些含铀高的室内装饰材料，如花岗岩和瓷砖、洁具等。

二是甲醛。

甲醛为无色易溶于水的液体，挥发性很强，有刺激性气味，是一类致癌物。人体长期暴露在甲醛环境中可能损害机体的呼吸功能、神经系统的信息整合功能、影响机体的免疫应答，从而导致中毒。甲醛主要来源于建筑材料、家具、人造板材、各种黏合剂涂料和合成纺织品等。

三是氨。

氨是一种无色且具有强烈刺激性气味的碱性气体，主要对动物或人体的上呼吸道有刺激和腐蚀作用，能减弱人体对疾病的抵抗力。氨主要来自建筑施工中使用的混凝土外加剂，以及有氨水添加剂的室内装修材料。

四是苯、甲苯、二甲苯污染。

苯是一种碳氢有机化合物，有强烈的芳香气味，是石油化工的基本原料，常作为有机溶剂。苯为强烈致癌物质，人和动物吸入或皮肤接触大量苯，会引起急性和慢性苯中毒。室内环境中的苯污染主要来自含苯的胶黏剂、油漆、涂料和防水材料的溶剂或稀释剂。

五是总挥发性有机化合物（TVOC）。

TVOC 是一大类挥发性化合物的统称，常见的为苯、甲苯、二甲苯、三氯乙烯、三氯甲烷、萘等化合物，这些化合物常压下的沸点在 50℃～260℃，成分复杂，长期低剂量释放，如果浓度过高将直接刺激人体的嗅觉和其他器官，引起刺激性过敏反应、神经性作用等。室内的 TVOC 主要是由建筑材料、室内装饰材料及生活和办公用品等散发出来的。如建筑材料中的人造板、泡沫隔热材料、塑料板材，室内装饰材料中的油漆、涂料、黏结剂、壁纸、地毯等。

（2）含污染物的装修材料

民宿装修时应注意采购环保材料，涉及含放射性核素限量的材料，以及有毒有害限量的材料时，应特别注意查看污染限量指标和检测证书，从源头上预防和控制建筑装修引起的室内环境污染。

①含放射性核素限量的材料。

一是建筑主体材料。

建筑主体材料指用于建造建筑物主体工程所使用的建筑材料。民用建筑工程所使用的水泥与水泥制品、砖、瓦、混凝土、混凝土预制构件、砌块、墙体保温材料、工业废渣、掺工业废渣的建筑材料、新型墙体材料等无机非金属建筑主体材料，其放射性限量应分类符合现行国家标准《建筑材料放射性核素限量》的规定。

二是装饰材料。

装饰材料指用于建筑物内、外饰面的建筑材料，包括石材、建筑卫生陶瓷、石膏制品、无机粉黏结材料等无机非金属装饰装修材料。按照国家标准《建筑材料放射性核素限量》的规定，装修材料根据放射性水平大小划分为三类：A 类装修材料产销与使用范围不受限制；B 类装修材料不可用于Ⅰ类民用建筑的内饰面，但可用于Ⅰ类民用建筑的外饰面及其他一切建筑物的内、外饰面；C 类装修材料只可用于建筑物的包饰面及室外其他用途。

②有毒有害限量的材料。

建筑装修中常用的人造板、饰面板、木器漆、防水涂料、黏结剂等，含有一定的有毒有害污染物成分，在采购和使用中应注意污染控制。一般常用装修材料中主要含有的污染物情况如下：

人造板及饰面人造板材是造成室内甲醛污染的主要来源之一；室内墙体涂饰

常用的乳胶漆作为一种水性材料，含有少量挥发性有机物，游离甲醛；木制家具常用的木器漆在进行涂饰时，应关注苯的含量是否超标；常用于板材或地砖黏结、墙纸黏贴、窗台密封的万能胶、乳胶、密封胶等，应注意其挥发性有机物总量、游离甲醛、苯和苯的同系物是否超标；室内用的防腐剂、防虫剂中最有可能出现甲醛过量的情况，所以应注意甲醛含量；防水涂料分水型的、溶剂型的和反应型的，应注意其中挥发性有机物、游离甲醛含量、甲苯＋乙苯＋二甲苯含量。

（3）含污染物装修材料使用要求

①装修材料禁止使用要求。

一是溶剂、黏结剂使用。

室内装修时不得使用苯、工业苯、石油苯、重质架以及混苯作为稀释剂和溶剂；不得使用以甲醛为原料的胶粘剂；粘贴塑料地板时，不应采用溶剂型胶粘剂，不应采用聚乙烯醇缩甲醛类胶黏剂。

二是防潮材料使用。

木地板及其他木质材料不得采用沥青、煤焦油类作为防腐、防潮的处理剂；不得采用溶剂型涂料如光油作为防潮基层材料。

三是涂料使用。

室内装饰装修时，不应采用聚乙烯醇水玻璃内墙涂料、聚乙烯醇缩甲醛内墙涂料和树脂以硝化纤维素为主、溶剂以二甲苯为主的水包油型多彩内墙涂料。

四是保温材料使用。

外墙采用内保温系统时，应选用环保性能好的保温材料，表面应封闭严密，且不应在室内装饰装修工程中把脲醛树脂泡沫材料作为保温、隔热和吸声的材料。

五是清洁使用及存放。

室内装饰装修施工时，不应使用苯、甲苯、二甲苯及汽油进行除油和清除旧油漆作业。室内不应使用有机溶剂清洗施工、保洁用具。涂料、胶黏剂、水性处理剂、稀释剂和溶剂等使用后应及时封闭存放，废料应及时清出现场。

②放射性限量材料使用要求。

建筑材料厂商应生产符合《建筑材料放射性核素限量》要求的建筑材料，并在其产品包装或说明书中注明材料放射性水平类别。民宿业主注意查看“产销及使用范围”，选择低放射性的建筑和装饰材料。

在天然放射性本底（相对未受到直接放射性污染的一定空间中环境介质放射性核素水平）较高的地区，当利用当地原材料生产的建筑材料时，只要其放射性比活度（指物质中某种核素放射性活度与该物质质量的比值）不大于当地地表土壤中相应的天然放射性核素本底水平的，可限在本地区使用。

③含有毒有害物材料限量使用要求。

含有毒有害物的装修材料，应达到国家规范要求的污染物限量要求才能使用。《民用建筑工程室内环境污染控制标准》中规定的几类常用装饰材料的污染物限量如表4—1—3至表4—1—7所示。

一是地板材料中挥发物限量。（表4—1—3）

表4—1—3 聚氯乙烯卷材地板、木塑制品地板、橡塑类铺地材料中挥发物限量

名称		限量 /g/m^3
聚氯乙烯卷材地板（发泡类）	玻璃纤维基材	≤ 75
	其他基材	≤ 35
聚氯乙烯卷材地板	玻璃纤维基材	≤ 40
	其他基材	≤ 10
木塑制品地板（基材发泡）		≤ 75
木塑制品地板（基材不发泡）		≤ 40
橡塑类铺地材料		≤ 50

二是地毯中有害物限量。（表4—1—4）

表4—1—4 地毯、地毯衬垫中VOC和游离甲醛释放限量

名称	测定项目	限量／[mg/（m^2·h）]
地毯	VOC	≤ 0.500
	游离甲醛	≤ 0.050
地毯衬垫	VOC	≤ 1.000
	游离甲醛	≤ 0.050

三是墙纸（布）及黏结剂限量。（表4—1—5、表4—1—6）

表4—1—5 室内用墙纸（布）中游离甲醛限量

测定项目	限量		
	无纺墙纸	纺织面墙纸（布）	其他墙纸（布）
游离甲醛 /mg/kg	≤ 120	≤ 60	≤ 120

表 4—1—6 室内用墙纸（布）胶黏剂中污染物限量

测定项目	限量	
	壁纸胶	基膜
游离甲醛 /mg/kg	≤ 100	≤ 100
苯 + 甲苯 + 乙苯 + 二甲苯 /g/kg	≤ 10	≤ 0.3
VOC/g/L	≤ 350	≤ 120

四是涂料中有害物限量要求（表 4—1—7）。

表 4—1—7 涂料中有害物限量

涂料名称	VOC/g/L	苯 /%	甲苯 + 乙苯 + 二甲苯 /%
酚醛防锈涂料	≤ 270	≤ 0.3	—
防水涂料	≤ 750	≤ 0.2	≤ 40
防火涂料	≤ 500	≤ 0.1	≤ 10
其他溶剂型涂料	≤ 600	≤ 0.3	≤ 30

2. 装修材料防火要求

（1）一般要求

近年来，在建筑火灾中由于烟雾和毒气致死的人数迅速增加，常见的有毒有害气体包括一氧化碳、二氧化硫、硫化氢、氯化氢、氰化氢、光气等，而在火灾中产生烟雾和毒气的室内装修材料主要是有机高分子材料和木材。

为了保障建筑内部装修的消防安全，防止和减少建筑火灾危害，装修中应按照《建筑内部装修设计防火规范》的相关规定（木结构建筑的内部装修防火设计应符合《建筑设计防火规范》要求），积极选用不燃材料和难燃材料，对于达不到难燃材料标准的可燃或易燃材料，可通过阻燃的方式提高其燃烧性能等级，积极预防火灾发生和蔓延。

（2）装修材料燃烧性能等级

装修材料按其使用部位和功能，可划分为顶棚装修材料、墙面装修材料、地面装修材料、隔断装修材料、固定家具、装饰织物、其他装修装饰材料这七类。

隔断装修材料是指建筑内部固定的、不到顶的垂直分隔物。

装饰织物指满足建筑内部功能需求，由棉、麻、丝、毛等天然纤维及其他合成纤维制作的纺织品，如窗帘、帷幕等。

固定家具指与建筑结构固定在一起或不易改变位置的家具，如建筑内部的壁橱、壁柜、陈列台、大型货架等。

装修材料按其燃烧性能可划分为四级。（表 4—1—8）

表 4—1—8　装修材料燃烧性能等级

等级	装修材料燃烧性能
A	不燃性
B1	难燃性
B2	可燃性
B3	易燃性

建筑用途、场所、部位不同，所使用装修材料的火灾危险性不同，对装修材料的燃烧性能要求也不同。（表 4—1—9）

表 4—1—9　常用建筑室内装修材料燃烧性能等级划分

材料类别	级别	材料举例
各部位材料	A	花岗石、大理石、水磨石、水泥制品、混凝土制品、石膏板、石灰制品、黏土制品、玻璃、瓷砖、马赛克、钢铁、铝、铜合金、天然石材、金属复合板、纤维石膏板、玻镁板、硅酸钙板等
顶棚材料	B1	纸面石膏板、纤维石膏板、水泥刨花板、矿棉板、玻璃棉装饰吸声板、珍珠岩装饰吸声板、难燃胶合板、难燃中密度纤维板、岩棉装饰板、难燃木材、铝箔复合材料、难燃酚醛胶合板、铝箔玻璃钢复合材料、复合铝箔玻璃棉板等
墙面材料	B1	纸面石膏板、纤维石膏板、水泥刨花板、矿棉板、玻璃棉板、珍珠岩板、难燃胶合板、难燃中密度纤维板、防火塑料装饰板、难燃双面刨花板、多彩涂料、难燃墙纸、难燃墙布、难燃仿花岗岩装饰板、氯氧镁水泥装配式墙板、难燃玻璃钢平板、难燃 PVC 塑料护墙板、阻燃模压木质复合板材、彩色难燃人造板、难燃玻璃钢、复合铝箔玻璃棉板等
	B2	各类天然木材、木制人造板、竹材、纸制装饰板、装饰微薄木贴面板、印刷木纹人造板、塑料贴面装饰板、聚酯装饰板、复塑装饰板、塑纤板、胶合板、塑料壁纸、无纺贴墙布、墙布、复合壁纸、天然材料壁纸、人造革、实木饰面装饰板、胶合竹夹板等

续表

材料类别	级别	材料举例
地面材料	B1	硬 PVC 塑料地板、水泥刨花板、水泥木丝板、氯丁橡胶地板、难燃羊毛地毯等
	B2	半硬质 PVC 塑料地板、PVC 卷材地板等
装饰织物	B1	经阻燃处理的各类难燃织物等
	B2	纯毛装饰布，经阻燃处理的其他织物等
其他装修装饰材料	B1	难燃聚氯乙烯塑料、难燃酚醛塑料、聚四氟乙烯塑料、难燃脲醛塑料、硅树脂塑料装饰型材、经难燃处理的各类织物等
	B2	经阻燃处理的聚乙烯、聚丙烯、聚氨酯、聚苯乙烯、玻璃钢、化纤织物、木制品等

（3）建筑不同部位装修材料燃烧性能等级要求

根据《建筑内部装修设计防火规范》要求，单层、多层民用建筑内部各部位装修材料的燃烧性能等级，不应低于相关规定（表 4−1−10）。民宿兼具宾馆和住宅的建筑特点，也设置了餐饮场所，建筑内部装修材料可结合相关要求合理选用。

表 4−1−10　单层、多层民用建筑内部各部位装修材料的燃烧性能等级

序号	建筑物及场所	建筑规模、性质	顶棚	墙面	地面	隔断	固定家具	装饰织物		其他装修装饰材料
								窗帘	帷幕	
1	宾馆、饭店的客房及公共活动用房	设置送回风道（管）的集中空气调节系统	A	B1	B1	B1	B2	B2	—	B2
		其他	B1	B1	B2	B2	B2	B2	—	—
2	餐饮场所	营业面积 $> 100m^2$	A	B1	B1	B1	B2	B1	—	B2
		营业面积 $\leqslant 100m^2$	B1	B1	B1	B2	B2	B2	—	B2
3	住宅		B1	B1	B1	B1	B2	B2	—	B2

单层、多层民宿建筑内面积小于100m^2的房间，当采用耐火极限不低于2h的防火隔墙和甲级防火门、窗与其他部位分隔时，其装修材料的燃烧性能等级可在表4-1-10的基础上降低一级。

当单层、多层民宿建筑需做内部装修的空间内装有自动灭火系统时，除顶棚外，其内部装修材料的燃烧性能等级可在表4-1-10规定的基础上降低一级；当同时装有火灾自动报警装置和自动灭火系统时，其装修材料的燃烧性能等级可在表4-1-10规定的基础上降低一级。

3. 装修安全管理

（1）不同装修阶段污染防控

建筑室内装饰装修工程包括设计阶段、材料选择采购阶段、施工阶段、验收阶段，既要做好设计阶段的污染物控制设计，也要做好装修材料检测验证，装修工程质量验收工作。

①设计阶段污染防控。

室内装饰装修设计时宜对主要材料污染物释放率进行计算控制，应优化控制室内空气质量污染源，优先选用污染物释放率低的材料；减少污染物释放率高的材料用量，提出改进室内通风的措施和要求；合理安排项目实施进度和交付时间。

②材料选购与验证。

采购建筑主体材料、装饰材料时，应根据材料使用范围，对照《民用建筑工程室内环境污染控制规范》限量标准，查看材料的检验报告和产品标识，使用安全环保材料。

对于无机非金属建筑主体材料及装修材料应查看厂家提供的放射性指标检测报告或证书。对室内装饰工程采用水性涂料、水性黏合剂、水处理剂时必须进行总挥发性有机化合物（TVOC）和游离甲醛含量的检测；溶剂型涂料、溶剂型黏合剂必须有总挥发性有机化合物（TVOC）、苯、游离甲苯二异氰酸酯（TDI）含量的检测报告。

检验报告一般包括产品的名称、规格、类别、等级、生产日期、检验依据和结论。产品标识一般包括产品的名称、产品标准编号、商标、生产企业名称、详细地址、产品原产地、产品规格、型号、等级、甲醛释放量限量标识等。

验证书面材料注意查看下列信息：材料有害物的限量是否符合使用范围；材料的质量检验报告和产品标识是否符合国家标准的规定；检验报告的有效期为1年（生产日期应在检验报告的有效期之内；水泥为三个月）。有疑问时，应将材料送有资格的部门进行检验，对检验不合格、不符合设计要求或国家明令淘汰的材料，不得投入使用。

③装修验收阶段空气检测。

检测时间。民宿宜在装修工程完工 7 天后，对客房、客厅、厨房、卫生间等不同功能的房间进行空气质量检测。

检测点设置。房间使用面积大于等于 $50m^2$ 时宜设置两个监测点，小于 $50m^2$ 时可设置一个检测点。检测采样应在关闭门窗 1h 后进行，采样时应关闭门窗，且采样时间不应少于 20 分钟。

进行民用建筑工程验收时，室内环境污染物浓度检测点数应符合相关规定（表 4–1–11）。当房间内有两个及以上检测点时，应采用对角线、斜线、梅花状均衡布点，并应取各点检测结果的平均值作为该房间的检测值。

表 4–1–11 室内环境污染物浓度检测点数设置

房间使用面积 / m^2	检测点数 / 个
＜ 50	1
⩾ 50，＜ 100	2
⩾ 100，＜ 500	不少于 3
⩾ 500，＜ 1000	不少于 5
⩾ 1000	⩾ $1000m^2$ 的部分，每增加 $1000m^2$ 增设 1，增加面积不足 $1000m^2$ 时按增加 $1000m^2$ 计算

室内环境污染物浓度现场检测点应距房间地面高度 0.80m～1.50m，距房间内墙面不应小于 0.50m。检测点应均匀分布，且应避开通风道和通风口。

对民用建筑室内环境中的甲醛、氨、苯、甲苯、二甲苯、TVOC 浓度检测时，装饰装修工程中完成的固定式家具应保持正常使用状态；采用集中通风的民用建筑工程，应在通风系统正常运行的条件下进行；采用自然通风的民用建筑工程，检测应在对外门窗关闭 1h 后进行。采样时应保持门窗关闭，且采样时间不应少于 20 分钟。同时测量室内空气温度和通风换气次数，并应在室内空气质量检测报告中标注测量结果。

室内空气质量检测结果应符合室内空气质量控制等级要求。当空气质量等级不符合设计要求时，应分析原因并进行治理。治理后的工程，应对不符合项目再次进行检测，再次检测的抽检量应增加 1 倍，并应包含不符合设计要求的房间。

（2）装修消防管理要点

①装修设置应不影响和破坏消防设施。

为了保障消防设施和疏散指示标志的使用功能，建筑内部装修不应擅自减少、改动、拆除、遮挡消防设施，疏散指示标志、安全出口、疏散出口、疏散走道和防火分区、防烟分区等。

建筑内部设置消防栓时，消火栓箱门不应被装饰物遮掩，消火栓箱门四周的装修材料颜色应与消火栓箱门的颜色有明显区别或在消火栓箱门表面设置发光标志。为保证疏散指示标志和安全出口易于辨认，避免人员在紧急情况下的疑问和误解，疏散走道和安全出口顶棚、墙面不应采用影响人员安全疏散的镜面反光材料。

②保证消防疏散通道防火安全性。

建筑物各层的水平疏散通道和安全出口门厅是火灾中人员逃生的主要通道，因此地上建筑的水平疏散通道和安全出口的门厅，其顶棚应采用 A 级装修材料，其他部位应采用不低于 B1 级的装修材料；地下民用建筑的疏散通道和安全出口的门厅，其顶棚、墙面和地面均应采用 A 级装修材料。

由于疏散楼梯间空间高度大，在发生火灾情况下易产生烟囱效应导致火势向上蔓延，所以疏散楼梯间和前室的顶棚、墙面和地面均应采用 A 级装修材料。

建筑物内设有上下层相连通的中庭、走马廊、开敞楼梯、自动扶梯时，其连通部位的顶棚、墙面应采用 A 级装修材料，其他部位应采用不低于 B1 级的装修材料。

③民宿用火、仓储空间防火要求提高。

因为民宿厨房内火源较多，仓库存放各类可燃物且无人看管，所以对装修材料的燃烧性能应严格要求。厨房中顶棚、墙面、地面均应采用 A 级装修材料，厨房内部烟道、风道不得擅自改动；库房或储藏间、阳台、厨房内固定橱柜，应采用不低于 B1 级的装修材料。

④电气设备安装区域加强防火隔离措施。

配电箱、控制面板、接线盒、开关、插座等产生的火花、电弧或高温熔珠容易引燃周围的可燃物，电气装置也会产热引燃装修材料，在装修防火设计上可采取一定的隔离措施，防止危险发生。建筑内部的配电箱、控制面板、接线盒、开关、插座等不应直接安装在低于 B1 级的装修材料上；用于顶棚和墙面装修的木质类板材，当内部含有电器、电线等物体时，应采用不低于 B1 级的材料。

照明灯具及电气设备、线路的高温部位，当靠近非 A 级装修材料或构件时，应采取隔热、散热等防火保护措施，与窗帘、帷幕、幕布、软包等装修材料的距离不应小于 500mm；灯饰应采用不低于 B1 级的材料。

⑤取暖设备安装区域加强隔热绝缘处理。

卫生间室内湿度大，当顶棚上安装浴霸等取暖、排风设备时，容易产生电火花，同时这类取暖设备使用时会产生很高的热量，易引燃周围可燃材料，建议采用 A 级材料装修。如果顶棚装修使用非 A 级材料时，应在浴霸、通风设备周边进行隔热绝缘处理，以提高安全性。

电加热供暖系统一般沿顶棚、墙面或地面安装，该系统的绝热层、填充层和饰面层往往采用可燃材料，当电加热设备因故障异常发热或起火后，极易引燃周围的可燃物，导致人员伤亡。当室内顶棚、墙面、地面和隔断装修材料内部安装电加热供暖系统时，室内采用的装修材料和绝热材料的燃烧性能等级应为 A 级；当室内顶棚、墙面、地面和隔断装修材料内部安装水暖（或蒸汽）供暖系统时，其顶棚采用的装修材料和绝热材料的燃烧性能应为 A 级，其他部位的装修材料和绝热材料的燃烧性能不应低于 B1 级。

⑥室内装饰物的防火隔离。

民宿中经常将壁挂、布艺等作为室内装修设计的内容之一，为了避免这些饰物引发火灾，建筑内部不宜设置用 B3 级装饰材料制成的壁挂、布艺等，当需要设置时，不应靠近电气线路、火源或热源，应采取隔离措施。

二、民宿治安安全

（一）民宿治安安全的目的

民宿在经营管理过程中需要不断加强治安安全管理，一是为了保护民宿的合法权益，创造良好的治安环境，促进民宿业的健康发展，充分发挥其社会服务的功能；二是通过采取多种安全防范措施，预防危险事件的发生，确保住宿客人的人身和财物安全，保证其社会活动的正常进行；三是有效地发现和打击利用民宿作案的违法犯罪分子，促进社会治安的稳定。

旅游民宿是指利用当地民居等相关闲置资源，经营用客房不超过 4 层、建筑面积不超过 800m^2，主人参与接待，为游客提供体验当地自然、文化与生产生活方式的小型住宿设施。和旅馆一样，其是以服务的方式向住店客人收取合理报酬的，这决定了民宿是面向社会服务的。为了招徕旅客，吸引更多回头客，民宿需要提供一个舒适、宽松、安全的环境，这便要求民宿在加强治安管理、保障安全的同时，给住店客人提供生活、娱乐、购物等方便。因此，以住宿为主，集餐饮、康乐、服务于一体的民宿具有全面开放的特点。但考虑到住宿客人的安全问题，民宿的客房部应与公共区域相对隔离，而从经营角度来说，客房部与公共区域又不能完全隔离，以免给旅客造成不便。总之，民宿在正常经营活动的前提下，需要保证民宿和住宿客人的安全。

1. 保障合法经营

合法经营是指民宿在开业前，必须经公安机关和工商行政管理部门审查批准，履行必要的手续，并在经营活动中遵纪守法。具体地说，一是开办民宿者，必须在开业前向所在地公安机关申报，经县级以上公安机关安全鉴定其具备安全条件的，由县级以上公安机关签署意见或者核发《特种行业许可证》，凭证到工商行政管理部门注册登记，领取《营业执照》。证、照齐备者允许开业，属合法经营。二是民宿在日常的经营活动中，必须严格遵守国家和地方政府制定的法律、法规和规章，从其经营的内容到经营方式，都必须符合有关规定。凡未办理有关手续，擅自营业的民宿，也视为不合法。对不按规定办理开业审批手续，私自经营民宿或在经营活动中不执行国家和地方政府的有关规定，非法经营的，一经发现，也会被公安机关取缔营业资格。

2. 保护客人生命财产

民宿是人员集散的重要场所。住宿客人身在他乡，对民宿的布局和周围的环境都比较陌生。而且，因旅游、度假、会议、活动等需要，部分旅客携带相应的贵重物品，很容易成为犯罪分子侵害的对象。民宿对住宿客人的人身和财物安全负有义不容辞的保护责任。尽管民宿属于公共场所的范畴，但是，它有别于商店、体育馆、文化馆等。这是由于民宿除了是旅客活动的重要场所，还是他们临时休息的地方。为了避免意外事故的发生，从民宿的选址和设计开始，民宿经营者就要将涉及安全的内容纳入设计方案之中。从总体上说，民宿应与地质灾害多发地、危险物品生产工厂、储存仓库保持一定的距离，如果在选址上疏忽大意，民宿在开业后，客人将始终受到潜在的威胁。民宿建筑必须严格按照规范的设计图纸进行施工，任何违章建筑都可能导致治安灾害事故的发生。

民宿开业前，公安机关、消防救援机构要对民宿的两个方面进行安全审查，一方面是防火问题。民宿在设计和施工过程中，必须严格按照国家有关消防的规定安装防火设备。另一方面是防盗问题。这是目前民宿建筑过程中容易忽视的问题。民宿要在开业前对公安机关发现的门窗、落水管等安全隐患进行整改，以避免盗窃的发生。值得注意的是，民宿在公安机关指导下需要妥善处理消防与防盗的关系。只强调安全门要保持畅通，而无视落实防盗措施的做法不可取；只考虑防盗严密而将安全门封死的做法亦不可行。必须两者兼顾，不可偏废。民宿在日常的经营管理中，要通过安全检查及时发现和消除隐患，以保障民宿和客人的安全。

3. 预防和打击违法分子

民宿在经营过程中也可能成为不法之徒藏身和进行违法犯罪活动的场所。而且，他们还在不断地变化着藏身和作案的手法，民宿经营者要与其进行长期不懈的斗争。

为了防止与限制不法分子的活动，保障民宿的合法营业，巩固社会治安秩序，公安部发布了《旅馆业治安管理办法》，将旅馆业纳入特种行业管理。通过对店主、职工进行爱国主义教育，组织他们学习政府法令、政策，提高思想觉悟，进而结合社会改革运动中心工作，有意识地培养治安积极分子。并且，根据法令制度，结合具体情况，严格进行安全检查，坚持普遍管理与重点管理、日常管理与突出管理、公开管理与秘密管理相结合，对不法分子形成了内外夹击之势，逐步掌握了违法犯罪活动的规律和从业人员的复杂成分，有力地配合了侦查工作。因而，管理条例的出台在加强社会治安、维护社会秩序、发现和打击不法分子的破坏活动、保卫国家经济建设等方面起到了很大作用。

2006 年 3 月 1 日起施行的《中华人民共和国治安管理处罚法》中规定：卖淫、嫖娼的，处十日以上十五日以下拘留，可以并处五千元以下罚款；情节较轻的，处五日以下拘留或者五百元以下罚款。在公共场所拉客招嫖的，处五日以下拘留或者五百元以下罚款。引诱、容留、介绍他人卖淫的，处十日以上十五日以下拘留，可以并处五千元以下罚款；情节较轻的，处五日以下拘留或者五百元以下罚款。制作、运输、复制、出售、出租淫秽的书刊、图片、影片、音像制品等淫秽物品或者利用计算机信息网络、电话以及其他通信工具传播淫秽信息的，处十日以上十五日以下拘留，可以并处三千元以下罚款；情节较轻的，处五日以下拘留或者五百元以下罚款。对有组织播放淫秽音像的、组织或者进行淫秽表演的、参与聚众淫乱活动行为之一的，处十日以上十五日以下拘留，并处五百元以上一千元以下罚款。明知他人从事前款活动，为其提供条件的，依照前款的规定处罚。

以营利为目的，为赌博提供条件的，或者参与赌博赌资较大的，处五日以下拘留或者五百元以下罚款；情节严重的，处十日以上十五日以下拘留，并处五百元以上三千元以下罚款。

对有非法种植罂粟不满五百株或者其他少量毒品原植物的，非法买卖、运输、携带、持有少量未经灭活的罂粟等毒品原植物种子或者幼苗的，非法运输、买卖、储存、使用少量罂粟壳行为之一的，处十日以上十五日以下拘留，可以并处三千元以下罚款；情节较轻的，处五日以下拘留或者五百元以下罚款。有前款第一项行为，在成熟前自行铲除的，不予处罚。对有非法持有鸦片不满二百克、海洛因或者甲基苯丙胺不满十克或者其他少量毒品的，向他人提供毒品的，吸食、注射毒品的，胁迫、欺骗医务人员开具麻醉药品、精神药品的行为之一的，处十日以上十五日以下拘留，可以并处二千元以下罚款；情节较轻的，处五日以下拘留或者五百元以下罚款。教唆、引诱、欺骗他人吸食、注射毒品的，处十日以上十五日以下拘留，并处五百元以上二千元以下罚款。

旅馆业、饮食服务业、文化娱乐业、出租汽车业等单位的人员，在公安机关查处吸毒、赌博、卖淫、嫖娼活动时，为违法犯罪行为人通风报信的，处十日以上十五日以下拘留。

（二）民宿治安安全的原则

民宿业治安安全的原则，是民宿主管部门和经营者以及从业人员协助治安管理的行为规范。民宿业必须根据自身的特点，正确掌握和运用国家及地方的民宿业治安管理法律、法规和规章，在做好行业经营管理的同时，最大限度地避免和减少工作中的失误，防止各类案件和治安灾害事故的发生，确保民宿和旅客生命财产的安全。

民宿业的治安工作应有利于发展社会市场经济、有利于方便群众生活，应坚持专门机关与群众路线相结合，努力做到依法管理、严密管理、科学管理和文明管理。鉴于此，民宿业治安安全的原则是谁主管，谁负责；保障安全；服务社会。

1.“谁主管，谁负责”原则

（1）“谁主管，谁负责”的概念

民宿业治安管理工作“谁主管，谁负责”的原则是根据旅馆业治安管理工作的新特点提出来的，是坚持专门机关与群众路线相结合，依靠社会力量加强民宿业治安管理的新举措，是做好民宿治安管理工作的重要途径之一。

“谁主管，谁负责”原则的主要含义是，民宿业行政管理部门要对下辖的民宿单位治安管理工作负起责任，要通过制定和明确民宿治安管理的职责范围，狠抓落实，保障安全。换而言之，民宿的治安秩序和治安问题，主要依靠行政主管部门来管理和解决。作为治安管理的公安机关要督促和检查民宿及其行政主管部门认真做好安全防范工作，及时整改存在的问题，完善各项管理制度。同时，认真查处违反民宿业治安管理规定的人和事，并依法追究有关单位领导和直接责任人的法律责任。

（2）认识“谁主管，谁负责”原则的必要性

“谁主管，谁负责”的治安管理原则要求民宿业的主管部门和民宿自身担负起维护好民宿内部治安秩序的责任，“看好自己的门、管好自己的人、办好自己的事”，形成民宿业治安管理社会化的格局，鼓励民宿工作人员与违反民宿治安管理的行为作斗争，共同为创造一个良好的民宿治安秩序而奋斗。例如，在禁毒防范方面，公安机关与娱乐场所、经营服务场所的法定代表人、负责人签订《场所禁毒责任协议书》。场所的法定代表人、负责人应当与场所管理人员及所有从业人员签订年度《从业人员禁毒协议书》，严格落实禁毒责任制。

（3）配合公安机关贯彻“谁主管，谁负责”原则

在推行“谁主管，谁负责”的原则中，公安机关对民宿业的治安管理职能不是削弱，而是应该加强。因为强调“谁主管，谁负责”，其目的是促使民宿及其主管部门将民宿业的经营管理与治安管理有机地结合起来，推进社会治安综合管理工作进一步落到实处，有利于公安机关更好地加强对民宿业的治安管理。按照“谁主管，谁负责”的原则，公安机关需要加强对民宿业的安全监督和具体指导，热心帮助民宿开展各类安全活动；各类民宿也要积极配合公安机关开展各类工作，切实落实“谁主管，谁负责”原则，健全自我完善管理机制，强化治安管理。

2．保障安全原则

（1）保障安全的概念

保障安全是民宿业开展治安工作的出发点和最终归宿。民宿在实际经营中，无论是制定各项治安管理制度，采取种种防范措施，还是开展各类宣传和教育活动，其目的都是切实保障民宿和客人生命财产的安全。在对民宿业的治安管理过程中，民宿要遵循保障安全的原则，不断健全民宿各类安全规章制度、进行人员培训和完善安全设施设备。在经营过程中不仅要抓经济效益，而且要抓社会效益，在保障安全的前提下开展经营活动。

（2）保障安全的必要性

民宿业与社会生产和人民生活有着密切的联系。它不但是服务游客、方便游客的家外之家，也会成为一些不法分子进行违法犯罪活动的场所。因此民宿业的治安安全，对保障民宿和游客生命财产安全，对维护整个社会治安秩序，具有重要意义。

保障安全是民宿业经营管理的一个重要方面。民宿对于住宿的游客，要认真

做好生活服务工作，而保障他们的安全则是最基本的一项工作。同时，民宿自身的安全也是其赖以生存的保障。当前部分民宿安全防范措施落实不到位，片面追求经济效益，忽视了治安安全工作的重要性，对发生在民宿内的违法犯罪活动放任不管，直接危害了民宿利益和游客生命财产的安全，也影响了民宿的经济效益。

保障安全是提高民宿业社会效益和经济效益的需要。民宿业的社会效益和经济效益是相辅相成的，民宿只有为游客提供一个既安全又舒适的生活环境，才能赢得社会的称誉和游客广泛的好评，获得良好的社会效益。由此，才会有越来越多的游客慕名前往住宿，给民宿带来好的经济效益。然而，安全的环境是通过严格的民宿业治安管理创造出来的。因此，认为公安机关对民宿业治安管理严会影响民宿经济效益的想法是错误的。如果放松了对民宿的治安管理，那么，民宿业的治安状况必然不好，游客就容易缺乏安全感。

3. 服务社会原则

（1）服务社会的概念

服务社会指的是民宿经营者在配合公安机关对民宿进行治安管理时，要有服务经济建设的大局观。服务社会有利于各项方针、政策的贯彻落实，有利于社会经济的发展。其需要民宿经营者积极主动地为前来住宿的客人创造方便有利的条件。

民宿业的治安安全，其根本宗旨就是能提供一个安全、良好的住宿环境。所以，必须根据民宿业自身的特点，充分配合公安机关的指导和管理，不断加强和改善管理手段和方法，大力开展预防、控制、打击违法犯罪，以促进民宿业更好地发展。

（2）服务社会的必要性

民宿业在适应和服务社会经济发展的同时也能促进经济的发展。保障民宿业的治安安全，必须端正业务指导思想，树立为社会经济服务的观念、为民宿业的健康发展必须严格管理的观念。绝不能片面地认为民宿业发展得越快，治安安全越松就越有利于经济的发展，而应该以社会的安定、人民群众生命财产的安全为重，严格依法办事，把民宿业治安安全纳入民宿日常经营的轨道上。只有这样，才能使民宿业更好地为社会服务，为经济建设服务。

（三）民宿治安安全防范措施

民宿业的安全防范工作面广、工作量大，情况复杂，没有切合实际、行之有效的措施是难以取得理想成效的。要做好民宿业的安全防范工作，必须突出重点，兼顾一般；必须坚持“人防、技防”相结合，综合防范；必须贯彻“预防为主，打防结合”的方针。

1．突出重点，兼顾一般

民宿安全防范的“重点”包括重点单位、重点部位和重点对象。重点单位是指安全防范制度不健全、落实不到位，内部治安秩序不好的民宿和刚开业不久缺乏安全防范工作经验的民宿和民宿集群。这些单位防范能力较弱，容易发生案件和治安灾害事故。重点部位是指民宿内存放重要物品的地方（如前台、物资仓库等）和供电、供气、监控室等重要区域。重点对象是指现实表现不大好的民宿职工，身份证件、携带物品、言行举止可疑的旅客以及携带贵重物品、巨额现金的旅客。前两种对象，有的容易违法犯罪，要重点控制和防范其为非作歹。后一种对象容易成为歹徒袭击目标，因此，他们是重点保护者。上述重点单位、重点部位、重点对象必须列为民宿安全防范工作的重点，给予较多地关注，健全安全保卫组织，加强经常性安全检查，督促各项安全防范制度和岗位安全责任制落到实处。针对检查过程中发现的问题，公安机关必须以高度的纪律性和规范性进行处理。对于需要停业整顿的情况，必须坚决执行停业整顿措施；对于涉及治安违法行为的，必须依法给予相应的治安处罚；对于存在经济违规行为的，必须给予相应的经济制裁。公安机关通过这些措施，严肃对待违规行为，能够保障民宿及游客的人身和财产安全。

民宿在重点部位要安装和使用防盗门、保险箱、报警器、监控等安全设施，发挥技术防范的作用。为确保民宿内部安全，必须对重点对象实施有效监控，并适时开展安全检查，必须严格防止任何可能危害民宿内部安全的事件发生。

民宿在切实做好重点单位、重点部位、重点对象防范工作的同时，应该兼顾整个安全保卫工作，坚持以点带面、点面结合。因为重点与一般只是相对而言，对于民宿而言，并非一般单位、一般部位、一般对象不会发生安全问题。而且，重点与一般也不是一成不变的，有时会相互转化。

2．实行综合防范

安全防范不外乎人防、技防两种手段。人防和技术防范在保障民宿安全方面均扮演着重要角色。二者相辅相成，共同构成了一个全面而有效的安全体系。同时加强人防和技术防范的投入可以实现优势互补，使民宿的安全保障工作更加完善、严密。这样的结合不仅能够提高民宿的整体安全水平，还能为游客提供更加安心、舒适的住宿环境。

（1）人防

民宿业的人防，即依靠民宿内部的安全保卫组织和从业人员开展安全防范工作，维护民宿治安秩序。人防是民宿业务防范工作最重要的一项措施，技防则是人防的补充和完善。要做好人防，首先，必须建立健全的民宿内部安全保卫组织及其工作制度，落实职责任务，充分发挥各自的职能作用。其次，抓好民宿从业人员的宣传发动。要使他们既懂得服务知识，又懂得安全防范知识；既当工作人员，又当安全员。宣传发动要求全面、深入、经常化，采取的形式应该灵活多样、生动活泼。只有把广大从业人员充分地发动起来，才能提高他们维护民宿安全的自觉性，才能把民宿安全防范工作落实到底。最后，组织民宿从业人员进行业务培训，提高防范本领。各民宿按照培训计划分期分批对民宿从业人员进行治安业务轮训，这是提高队伍素质、增强员工预防和识别能力的有效途径。

（2）技防

技防是指民宿要采取一些技术措施来预防和阻止不法分子作案。具体地说，客房的门、窗须符合防盗要求，门锁可使用指纹锁或磁卡或电子锁，并设有符合防盗要求的物品保管柜。安装并能熟练使用旅馆业治安管理信息系统或手机 App 旅客住宿登记系统，并设有监控系统和自动报警装置，以及防火、防爆技术装置。

3. 预防为主，打防结合

预防为主是民宿安全工作的一个重要指导思想。据此，需要运用人防、技防各种预防手段，强化安全保卫措施，努力做好各项防范工作，消除一切违法犯罪分子可能利用的漏洞和薄弱环节。先发制“敌”，力争把所有不法活动消灭在行为实施之前，或者阻止在行为实施过程之中，把治安灾害事故消灭在萌芽状态之中，以防止和减少由于这些危害而造成的损失，确保民宿、旅客的安全，从而促进社会和谐发展，这是民宿安全工作的根本目的。但是，预防绝不是单纯的消极的被动式的预防，而应当是积极的主动的预防。唯有如此，才能掌握主动权，有效地保障安全。这种积极主动的预防，包括“以攻为守”，及时把旅客中的犯罪分子识别出来，不让他们继续为非作歹，使之受到应有的惩罚，从而消除危及民宿、旅客安全的隐患，以打促防。以攻为守的预防，要求广大的民宿从业者，以高度的工作责任感，钻研业务，忠于职守，在各自的工作岗位上，通过登记验证、查房等多种途径，努力发现有违法犯罪活动的可疑人员，这样才能增加民宿内的安全系数，减少和避免各类案件发生，民宿和旅客的安全才有一个可靠的保证。

第二节　民宿日常运营安全管理

一、民宿对客服务安全

民宿各区域在进行对客服务过程中，各项服务过程、服务内容以及服务设施是否安全、高效，直接关系到客人的入住心情和对民宿的总体满意度评价。民宿在日常的接待服务、餐饮服务和客房服务过程中要关注安全问题，要为住店客人和民宿从业者创造安全、和谐的住宿环境和工作环境。

（一）接待服务安全

民宿前台接待安全问题存在于民宿对客服务的各个环节，在客人抵离店、行李服务、问讯、代办服务、登记入住、钥匙管理、宾客财物保管、收银服务等各种服务环节都较易发生安全问题，且问题发生时具有突发性、复杂性、隐蔽性，这既可能导致住宿客人的人身伤害和财物损失，也可能导致民宿财物损失和员工人身的损伤。

1．行李服务安全

为客人提供周到安全的行李服务，妥善运送、保管客人的行李是民宿行李服务的根本目标。客人的行李在民宿行李寄存、运送、领取的过程中，容易发生行李寄存不规范、错拿、漏拿、破损、丢失等安全问题。为此，民宿应当通过加强对员工工作流程的培训、加大日常工作检查力度等措施，保证在为客人提供行李服务时零失误、零投诉、零纠纷。

在日常服务过程中，为了保障住宿客人的财产安全、规范行李服务操作流程、避免与有效应对行李服务安全问题，应注意以下三方面：

（1）受理寄存

①招呼客人，询问客人房间号与住宿信息进行核对，称呼客人姓名。

②对于非住店客人要求寄存行李物品应谢绝（经确认的常客和店长批准的客人除外）。

③必须确认客人是住店客人和他所要寄存的行李件数；询问客人有无贵重或易碎物品，对于隔日支取的寄存行李，要建议客人为行李上锁；敞口拎袋等物件，征得客人的同意后，用胶带或订书机做封口处理；在行李牌上联上方注明“已确认无贵重物品”，并请客人在姓名栏签字。

④检查寄存行李过程中如发现行李有破损，应当面向客人说明，经客人确认后，在行李牌上联上方注明，并请客人在姓名栏签字。

⑤填写寄存牌。寄存牌上联按照标准确认后请客人签字，由经办人准确记录行李件数、房间号、提取时间，在抵店、离店、暂存 3 项选择下均注明日期、时间，在下联各项目逐一填写后，经办人进行签名。确认非当日取件，在上、下联注明“后”的字样。

⑥摆放寄存行李。有易碎品的行李应拴上“小心轻放”牌，牌子朝外放，不要把行李放在地面或走道上，要小心地放在行李架上；两件以上的行李应用行李绳拴在一起，若非当日取件，经办行李的工作人员应统一交管家存入民宿指定的行李存放空间。

⑦不允许擅自办理寄存的物品包括危险品、易燃易爆品、化学液体、非密封状况下的食品和鲜活类易变质物品（如鲜花、水果等）。

（2）为客人提取寄存行李

①接待客人。为客人提取行李时要收取寄存行李的提取联。接到行李牌下联后，确认物品在前台寄存室还是值台行李房，并请客人稍等。

②查找行李。根据提取联上的号码及行李种类，查找客人要提取的行李。找到行李后，注意核对行李牌上、下联是否一致，避免提错行李；还要核对一下提取联上的物品种类和件数与实际所取行李情况是否一致；将寄存联从行李上取下，注意检查上面有无记载其他注意事项。

③交还行李。将行李交给客人确认，提醒客人核实行李种类和数量。

④记录。在寄存联上记录提取行李的时间，经手人进行签字。取完后，将寄存牌上、下联钉在一起，留存。

（3）其他注意事项

①如果客人寄存行李超过两件，应用绳子将行李拴在一起，以防客人取行李时漏取。

②客人将行李寄存在民宿超过 24h，一般称为长期寄存。长期寄存和短期寄存的行李要分开摆放，短期寄存的行李要放置在方便搬运的地方。

③客人遗失寄存牌下联的处理方法：用电脑核对客人的姓名、房间号及出生年月或身份证号码；请客人描述寄存行李的件数和款式、颜色、特征；请客人出示有效证件，并复印留档；将证件复印件和行李牌上联钉在一起，书写说明后，请客人签字。

2. 登记入住安全

民宿前台的登记入住服务是客人住店的必经手续，也是公安部门的安全要求。前台员工在接待服务过程中，应严格按照既定的服务程序为客人办理入住登记。民宿在为客人做入住登记时会遇到以下安全问题：通缉犯入住；一人登记多人入住；使用假身份证或过期身份证件入住；排重房；等等。

《中华人民共和国治安管理处罚法》第五十六条第一款规定：旅馆业的工作人员对住宿的旅客不按规定登记姓名、身份证种类和号码的，或者明知住宿的旅客将危险物质带入旅馆，不予制止的，处二百元以上五百元以下罚款。民宿为了有效避免与应对登记入住的安全问题，在客人登记入住时应当做到以下七个方面：

①依法要求所有入住客人履行住宿登记手续，入住前必须持住店客人本人有效证件办理入住登记手续。可以办理入住手续的有效证件主要有护照，港澳台同胞来往大陆通行证，外国人永久居留证，中华人民共和国居民身份证、军官证。

②住宿登记时必须做到认真填写登记单中所列的每一条登记项目，不得漏项，严格禁止持假证或过期证件的人员入住。

③办理入住过程中，电脑网络系统提示客人为“通缉犯”时，前台员工应保持镇定，稳住客人，为其先办理入住，然后立即向民宿负责人报告，并在第一时间与当地公安部门取得联系。

④遇有未带任何证件的人员要求住宿时，如果客人不是认识的常客或经确认有多次入住本店历史资料的客人，原则上不允许擅自接待。

⑤未成年人、无刑事责任能力的人及精神病患者不允许单独接待。

⑥发现携带各种危险品的人员及神志不清的人员要求入住时，必须及时通报民宿负责人，不允许擅自接待。

⑦对于特殊情况的处理方法：内宾，请示民宿负责人后，按民宿负责人指示及安全入住要求办理入住；境外人员，请示民宿负责人后，通报民宿专职管理员，请示公安局出入境管理处值班室，并按照值班警官要求办理，必须如实记录请示及答复情况，所有境外客人登记业务的请示及落实情况必须在境外人员入住登记工作台账上留下完整记录。

3. 客用钥匙安全

客用钥匙安全是客人人身安全和财产安全的基本保障。目前，民宿使用的钥匙大体上有两种类型：一种是机械钥匙，另一种是电子房卡。部分民宿为了打造独特的风格或体现当地的艺术特点特意制作了机械门锁和机械钥匙，而大多数民宿则使用的电子门锁。但不管是什么类型的门锁和钥匙，管理上的疏忽都会导致客用钥匙安全问题的发生，具体表现为未经同意为访客提供钥匙、捡拾钥匙、盗窃钥匙、冒充客人与访客骗取钥匙等。

民宿客房钥匙安全问题管理主要包括房客身份的核对和房间钥匙补办等。

（1）访客身份核对的操作程序

①核对姓名、房间号，询问访客查找客人的姓名或房间号。若姓名、房间号与登记信息不符，应根据访客提供的姓名查找，以确保查找准确。

②与登记信息核对姓名、房间号是否一致。

③在登记信息中查看相应房间是否有“住客留言”，及时将住客留言转告来访者。

④若有“住客留言”，根据“住客留言”内容处理。

⑤询问访客姓名，以便转告客人。

⑥若客人暂时不在民宿，可以联系客人，主动询问是否可以接待访客。

⑦将访客姓名告知客人，询问是否可以接通电话。未经客人同意，不得将住客房间号随意告知来访者。

⑧晚上十一时至凌晨七时，原则上不准进行来访。

⑨认真做好来访人员证件查验工作，并督促来访人员按时离开房间，发现公安机关通缉的人员或有现行违法人员应立即报告，并交公安机关处理。

（2）房间钥匙丢失补办程序

①客人钥匙丢失，应当尽可能帮助客人回忆钥匙可能丢失的区域，以便找回。

②如果客人的钥匙遗留在客房内，在核对住店客人身份信息后，让客房服务人员帮助其开门。

③如果确定不能找回钥匙，前台在核对住店客人身份信息后，帮助客人补办钥匙。补办的费用根据民宿的规定确定，但不能明显超过钥匙的实际价值。

4. 前台客人人身财产安全

保障客人的人身安全是民宿对客服务的首要前提，是民宿服务实现顾客体验价值的必要保障。在前台接待服务过程中，造成客人人身财产安全受到损害的因素主要有地面湿滑导致客人滑倒受伤、旋转门夹伤客人、客人财物被盗等。

前台是民宿和客人集中进行财物流转的场所，容易发生客人物品被盗等安全问题，主要表现为违法犯罪分子利用客人入住、结账、等车时的忙乱，趁机盗走客人放在前台上、地上的钱包和行李物品等。民宿应当在日常经营管理过程中做到以下三个方面，保障客人人身财产安全。

第一，民宿前台应加强对客人财物的看管，对于客人寄存的贵重物品，一定要严格按照民宿规定程序操作，增强安全管理意识。

第二，应加强对大堂的安全巡逻和防范管理力度，大堂值班的保安、礼宾员和前台工作人员都应该时刻提醒客人注意自身财物的安全。

第三，民宿消防监控室应重点监控前台区域，密切关注可疑人员和其他突发事件，从源头上预防盗窃案和其他伤害事件的发生。

（二）餐饮服务安全

民宿餐饮是对客服务的重要环节，经营范围包括餐厅、酒吧、娱乐、会议等。餐饮经营场所和餐饮设施设备是客人消费和活动的重要区域。因此，民宿餐饮安全防控是民宿安全管理的重要组成部分。民宿餐饮安全问题主要包括餐饮服务安全问题、餐厅刑事治安问题、消防安全问题、食品卫生安全问题等，主要表现形式包括客人食物中毒、餐饮器皿设施伤及客人、打翻菜肴烫伤客人、盗窃客人财物、打架斗殴、醉酒闹事、厨房火灾等。

1. 餐饮服务过程安全

民宿的餐饮服务员为客人提供面对面的服务，其服务安全是客人在民宿消费享受服务的首要要求。因此，餐饮服务安全问题不仅直接关系到客人的人身财产安全，还关系到民宿的声誉和形象，从而直接影响民宿的客流量和经济效益。

加强民宿餐饮服务过程安全管理的措施如下：

①民宿平时要加强对餐饮服务人员的培训，提升服务人员基本的服务技能，了解客人的消费需求。

②当民宿餐饮服务人员的服务工作出现失误时，民宿管家应立即采取应对措施，并向客人做好道歉解释工作。

③如果客人对餐饮服务进行抱怨、投诉，应当先倾听并安抚客人的情绪。

④如果造成客人人身伤害的，应立即陪同客人赴医院进行检查诊治，并随时向民宿店长汇报客人就诊情况。

⑤民宿管家或店长应有理、有利、有节地处理对客矛盾，尽可能满足客人合理的要求，承担在自己过失范围内的合理的赔偿责任。

⑥民宿店长应做好善后处理工作，将事件的消极影响降到最低。

⑦如果客人提出的要求远远超出正常的合理程度，在向民宿主人汇报并得到同意后，可以通过法律途径解决。

2. 食品卫生安全

食品卫生安全管理是保证菜品和饮品的质量、防止污染、预防食物中毒的重要手段。民宿应加强卫生管理，对食品的原料、储存、加工，调、厨卫设备，餐具，环境，员工卫生等各环节和各因素进行严格把关，确保客人在民宿消费的食品安全、卫生，民宿食品安全管理将在下文具体阐述。

（三）客房服务安全

客房安全是民宿服务质量的基础，也是民宿正常经营运转的保证。客房安全直接关系到住宿客人和民宿员工的生命财产安全，客房作为人员高度集中的区域，是民宿安全事故的多发区，进行安全管理就显得尤为重要。民宿客房安全管理的主要内容包括客人与员工的人身财产安全及民宿客房的财产安全。可能导致民宿客房不安全的因素有很多，常见的客房安全问题包括火灾、偷盗、暴力犯罪与治安问题、客人突发疾病、客人意外受伤与死亡等。这些客房安全问题都会给客人带来不安全感，进而影响民宿的经营运作。因此，加强客房安全防控对于树立民宿形象、提高客人对民宿的忠诚度、增强行业竞争力，有十分重要的意义。

1. 盗窃客人财物

在民宿客房中，客人财产安全问题主要表现为财产盗窃。盗窃类型包括直接入室盗窃、冒充或骗取客房工作人员盗窃、员工监守自盗等。盗窃手法也是形形色色，常见方式有用扭锁、插片等方式进入客房盗窃、跟踪客人入室盗窃、趁客人和服务员不备伺机进入房间盗窃、骗取服务员信任并帮其开门盗窃、冒充服务员盗窃等。

民宿客房盗窃管理内容如下：

①民宿客房服务员要实时掌握客房动态，发现可疑人员、可疑物品和可疑情况要立即报告。

②民宿客房服务员打扫房间时，应当将工作车拦在客房门口，防止陌生人员进入客房。

③客房服务员不得随意为声称“住店客人”或其亲朋好友打开房门，应按照规定程序，请客人出示证件，验明身份后，方可为客人打开房门。

④民宿管家应加强对客房楼层的巡视，确认房门是否关闭，防止闲杂人员进入楼层，若发现可疑人员，应及时跟进并采取相关措施。

⑤民宿管家在巡视过程中，如果发现客人房门虚掩，应轻敲房门，确认房间内是否有客人，在征得客人同意后，将房门关闭。如果房内无客人，应立即查明

房间是住客房还是空房。若是住客房，检查房间是否存在异常，无异常应帮助客人关闭房门，有异常应保护好现场；若是空房，应查明房门未关的原因。

⑥若在民宿客房内发现偷盗行为，应立即报告公安部门，并配合公安部门采取行动制止、捉拿偷盗人员；抓到盗窃分子后，应询问情况，视情节轻重移交当地公安机关处理；若是员工偷盗，则应详细审问，一般由民宿内部处理，但应防止发生侵犯人权的事件，情节严重者，应交由公安机关处理。

2.侵犯客人人身安全

民宿客房内侵犯客人人身安全的行为一般包括故意伤害、抢劫、强奸、绑架、敲诈勒索、侵犯隐私等。在行为方式上，一般都是违法犯罪分子精心跟踪、尾随客人进入民宿，趁客人不注意或不够警觉，直接使用暴力或借助药物或谎称服务人员入室进行施暴侵犯客人人身安全。由于民宿的监控区域仅限于公共区域，因此违法犯罪分子在客房内作案具有隐秘性，民宿工作人员也不能在第一时间发现并制止，所以违法犯罪分子得手后也比较容易逃脱。

民宿客房住宿客人人身安全管理内容如下：

①民宿要提醒客人，晚上睡觉前一定要将房门反锁，并将防盗扣扣好；有陌生人员来访时，应先通过门窥镜确认来客身份，再通过门缝收取物品；夜间不要轻易打开房门；等等。

②民宿应加强客房员工的安全防范意识，随时留意外来可疑人员和房间动态，一旦发现异常，应立即通知店长。

③民宿应加强夜间对客房楼层的巡视，加大对外来可疑人员的排查力度，对于女性客人和外籍客人要尤其关注。

④一旦发生凶杀、抢劫、绑架、强奸等事件后，民宿管家应在第一时间赶往现场，并安排人员保护现场、控制局势、疏散人员、避免围观，并立即通知公安机关。

⑤民宿应协助公安机关进行调查，寻找和提供证据材料，并对外做好保密工作，不要向媒体和公众透露任何信息。

3.房间内客人意外伤亡

民宿客房内还存在客人滑倒受伤、客人醉酒死亡、客人突发疾病伤亡、客人自杀等意外的安全问题。客人在客房滑倒通常是因为没有使用防滑垫、瓷砖较滑、年龄较大行动不便等；客人醉酒死亡通常是因为饮酒过量引发自身疾病致死或呕吐物堵塞气管窒息死亡；客人自杀通常是在客房内服用药物或以割腕的方式。

民宿房间内客人意外伤亡处理措施：

①民宿工作人员在打扫客房时一定要对洗手间进行防滑处理，同时张贴防滑提示标贴，配置防滑垫，防止客人滑倒受伤。

②民宿工作人员在整理客房时，若发现客人服用一些特殊药物，要及时向店长汇报。如果住店客人年纪较大，要重点关注其起居。

③民宿工作人员发现客房异常，如房间长时间处于关闭状态，应立即查询住客信息。在多次敲门后，若仍无人应答，客房服务员则应在店长陪同下，将客房房门打开。

④发现客人在房间病倒、昏迷不醒时，应立即通知店长抵达现场，并及时送往医院救治。

⑤民宿工作人员发现客人有自杀倾向时，应立即通知店长并及时进行阻止。

⑥民宿工作人员发现客人在客房内自杀身亡时，应立即通知公安机关和民宿店长，并保护好现场，待公安机关和店长抵达现场后，协助其做好善后工作。

⑦遇到醉酒客人躺在客房楼道或走廊等公共区域时，要及时通知管家和店长，并将客人送到房内，留意客人是否有意外情形。

4. 客人违法的处理

客人违法一般是指客人在民宿消费期间有耍流氓、斗殴、嫖娼、盗窃、赌博、走私等违反我国法律的行为。客房有隐秘性的特征，有时候也容易成为住店客人发生违法行为的场所。正常情况下民宿客房内都会放置严禁客人黄赌毒的提示牌。一旦民宿客房的客人有违法行为发生可以按照以下流程处理：

①民宿管家发现客人违法行为后，应及时向店长报告，并立即查明客人的身份和事情的全过程。

②民宿店长应视违法行为情节的轻重，确定违法行为的性质。对于情节轻微、违反《治安管理条例》的，交当地派出所处理；对于情节严重、触犯法律的犯罪行为，应立即向公安机关报告，并在公安人员到达前对违法行为人进行监控，由公安机关负责处理。

③事件处理完毕后，店长要把事件过程和处理结果记录留存。

境外客人在民宿内的违法行为，民宿要及时向上级机关和当地公安机关外事部门报告。在证据充分的情况下，根据“属地优先权”原则，对违法行为人进行监控，等待公安人员前来处理。

5. 其他事故

民宿客房中还有一些事故发生的原因是多方面的，有些是由于设备老化，维修和更新不及时，有些则是由于服务人员违反操作程序或工作不细致。通常可以将这些原因总结为以下三个方面：

（1）电气设备原因

①电冰箱故障，导致食品变质。

②电源线老化、外露，导致火灾或客人触电。

③吊顶、灯罩等安装不牢固，导致自然掉落砸伤客人。

④电线外露，照明不足绊倒客人。

（2）家居原因

①坐便器安装不稳，使用时断裂。

②沙发、椅腿或靠背突然折断。

③地毯边卷起绊倒客人。

④卫生间热水温度应在 50℃～60℃，过高容易烫伤客人。

（3）其他原因

①地板打滑且无提示牌，致使客人摔倒。

②破损的餐具、茶具、酒具伤害客人。

③泳池防护不到位，门窗失灵、失控夹伤客人等。

对此类事故的预防重点是要加强日常的维护和保养，加强员工的工作责任意识，在发现楼道或走廊地毯有凸起或卷边时，要及时拉平；服务员打扫房间时，应及时检查电线、家具，发现问题应及时报修；电气设备要经常调试以防意外等。

二、民宿员工操作安全

人是民宿经营的根本，许多工作都要靠人去操作。在民宿的日常工作过程中，要时时刻刻强调人身安全的“三不伤害”（不伤害自己，不伤害别人，不被伤害）原则。因在实际操作中的粗心大意，有可能发生意想不到的人身安全事故。每一个事故背后都会有自责和后悔，都会有安全预防不到位之处。安全不仅仅是民宿的根本，更是民宿管理的重中之重，需要每一位员工将安全意识和安全行为落到实处，确确实实做到操作安全。

（一）民宿安全管理制度

1. 安全生产责任制度

（1）入店培训教育

入店新员工须经过门店和岗位安全教育。

①门店教育。由店长负责，教育内容包括：安全生产法律法规、方针、政策；本民宿安全生产特点和正、反两方面的经验教训及有关防火、防爆、防毒、食品卫生等安全技术知识和急救常识；本民宿各项安全生产管理制度及安全技术操作规程；安全防护和劳动保护用品的正确使用方法。

②岗位安全教育。由管家负责，教育内容包括：岗位工作职责、特点、流程及服务特性，服务标准及安全控制要点，工作注意事项，岗位责任制，岗位安全操作规程，事故案例及预防措施，安全装置和工（器）具的使用方法及疏散逃生通道的位置和疏散客人逃生的技巧等。

（2）日常培训教育

①店长、管家要对员工进行经常性的安全生产意识、安全生产技术和遵章守纪教育，增强员工的安全意识和法制观念，定期研究员工安全教育中的有关问题。

②利用谈心、培训等形式，对员工进行安全生产和职业卫生教育。

③开展劳动和安全竞赛活动，广泛进行安全教育宣传。

④抓好大修或重点项目检修及危险作业项目施工前的安全教育。

⑤抓好员工违章及事故责任者和工伤人员复工前的安全教育。

（3）特殊培训教育

①对特种作业人员必须按照国家有关规定，经专门的安全作业培训考核，取得特种作业操作资格证书，方可上岗作业，并按规定定期进行复审或换证。

②增加新的服务项目、服务设施前要按新的安全操作规程，对岗位作业人员和有关人员进行专门培训教育，考核合格后方可进行独立作业。

③发生重大事故和恶性未遂事故后，必须严格按照“四不放过”原则查处，门店店长和管家要组织有关人员进行现场教育，汲取事故教训，防止类似事故重复发生。

2. 安全设施、设备管理和检修、维修制度

为加强安全生产检查监督、防患于未然，把一切隐患、不安全因素消灭在萌芽状态，确保生产安全，特制定本制度。

第一，每月进行全店性安全生产检查，同时根据季节特点进行以防雷暴灾害、防火、防风、防暑、防冻保暖为重点的安全检查。

第二，店长负责每周进行一次安全生产检查，管家负责每天进行一次自查，各岗位负责在班前、班中和班后经常进行安全检查，每次检查都应做好记录。

第三，做好检查台账记录，务求各种设备处于良好状态，保障它们的运行安全。在进行设备检查时应注意以下五个方面：

①检查电器设备、线路及开关避雷器、移动电具、锅炉房等设备。气瓶按有关规定组织定期的检查和鉴定。

②建筑物的检查包括道路、阴井、绿化、食堂等。

③防火防盗、防爆及消防设施、消防器材和重点要害部位的安全检查。

④对机动车辆和驾驶人员做好年检年审。

⑤将检查出的不安全因素报相关人员整改。

第四，坚持带班制，并设立晚班专人检查制，负责对各区域进行巡逻检查，带班管家应对当晚的安全负责。

第五，要发挥员工对安全工作、劳动保护的监督作用，听取员工的建议，进行改进。

第六，对未执行规定者给予一定的经济处罚。

3. 民宿卫生管理制度

环境卫生主要采取“四定办法”即定人、定物、定时、定质。采用详细的划片包干分工责任制，具体要求如下：

（1）民宿外围环境

庭院、露天停车场、室外休息场所等民宿外围区域应做到地面无痰迹、无烟头、无废弃纸张、无落叶、无冰道、无积雪，对于下坡道及垃圾房处，每天应用75%的消毒酒精喷洒地面，以消除异味，防止蚊蝇滋生。

（2）民宿内环境区

前台、楼层、楼梯扶手、地面、地毯等应保持清洁无尘，所有的玻璃、镜面应做到无脏迹、无水迹、无指印，保持明亮光洁。

所有墙壁、家具及摆放物应随时保持清洁，无浮尘；在规定区域内投放鼠药。

卫生间应做到“五无”：瓷砖洁净无水迹；马桶洁净无尿碱、水锈；镜面洁净无水点；地面洁净无脏物；空气清新无异味。

停车场、通道应保持地面整洁，不随意堆放物品，废弃物、垃圾要及时清扫，每天坚持喷洒消毒水消毒，以除异味。

员工宿舍卫生要做到：床铺整洁无污迹，墙壁干净无尘土，墙角无蛛网，地面洁净无杂物，室内空气清新无异味，被套勤换洗，门把、床栏勤擦拭。

餐厅卫生：餐厅卫生工作要做到经常化、制度化、规格化、责任化；在开餐前要做好准备工作，检查台面用具是否符合卫生要求。用餐后及时更换台布，保持台面整洁；上菜的工作人员在接触食品前手要洗净并消毒，坚持用托盘上饭菜，对饭菜卫生要把好关；各种酒水、饮料要擦净后再入冰箱，开瓶时注意卫生，遇到过期或破瓶口的酒水不能出售。

4. 安全事故报告与调查处理制度

为严格事故管理，及时掌握事故发生情况，通过认真执行“四不放过”的原则，总结经验，找出规律，落实防范措施，减少和杜绝各类事故的发生，确保财产和员工的生命安全，促进生产发展，特制定本制度。

①事故最先发现者，要立即向店长或有关部门报告，以便组织抢救和处理，而后逐级上报。对多人重伤、死亡和发生火灾事故，要立即报告店长，店长应亲自参加调查、处理，并将事故情况（包括时间、地点、原因、职工等）于事故后24h内向当地安全生产监督管理局等上级机关报告，若事态继续扩大，则应每隔24h报告一次。

②发生事故的单位，要根据“四不放过”的原则，认真进行调查处理，并填写“事故报告单”逐级上报，一般事故不超过2天，重大事故不超过3天。

③工伤事故发生后，负伤者要及时送到医院检查治疗，经医生诊断认为需要休息者，持有休息证明，才能填写事故报告单。

④由于生产过程中的有害物质引起的急性中毒，亦应填写事故报告单。

⑤填写事故报告单必须严格认真，内容详细，字迹清楚，项目填写准确，防范措施落实，责任明确，按规定时间上报，不得拖延、弄虚作假或隐瞒不报，否则视情节严肃处理。

⑥对于防止重大事故和抢救事故有功的个人、班组给予表彰和奖励。

（二）民宿安全操作规程

1. 客房楼层操作规程

①客房内除了固有电器和允许旅客使用的电吹风、电动剃须刀等日常生活用的小型电器外，禁止使用其他电器设备，尤其是电热设备。

②服务员应经常提醒旅客，不要躺在床上吸烟，烟头不要乱扔乱放，应放在烟灰缸内；入睡前应将电视机关闭，离开客房时，应将房内的电灯关掉。

③服务员应保持高度警惕，在整理房间时要仔细检查窗台上、挽起的窗帘内、沙发缝隙内、叠起的床单内、被褥内、地毯压缝、废纸篓等处是否有火种存在。烟灰缸内未熄灭的烟蒂不得倒入垃圾袋或垃圾道内。

④服务员要提醒旅客不要卧床吸烟，特别是醉酒后的旅客，除对其提醒外，过一段时间应在房外观察有无异常或结合服务进入房间进行检查。

⑤服务员平时进入旅客房间服务时，应注意房间内的消防安全问题，发现火

灾隐患要及时采取措施。

⑥对长期出租的客房，也应经常检查并提醒旅客注意防火安全。

2. 餐厅操作规程

①若餐厅内需要点蜡烛增加气氛时，必须把蜡烛固定在非燃烧材料制作的基座内并不得靠近可燃物，或将蜡烛做成半球状，平面向上放入盛有 2/3 自来水的透明小盘内，使其浮在水面上。

②经常检查服务场所的电灯、空调、电器开关、电热炉具和其他用电设备的安全运行情况，如果发现故障或不安全因素，应及时停止使用并报店长检修。

③如果发现客人有危及防火安全的行为，应立即打招呼且有礼貌地加以劝阻制止，并向客人讲清道理，取得客人的理解和配合。

④一旦发生火警，民宿管家应忠于职守，立即将客人疏散至安全地带，同时一面报警，一面利用就近灭火器材进行扑救。

⑤应熟练掌握防火灭火知识，维护好岗位上配置的灭火器材，熟记工作服务场所的疏散安全通道。

⑥下班时，民宿管家应对餐厅进行认真的检查，彻底消灭火种，然后将餐厅内的空调、电视机、音响、灯具等电器设备的电源关掉，才可离开餐厅。

3. 液化石油气炉灶的操作规程

①必须严格执行液化石油气炉灶的管理规定，确保炉灶在完好状态下使用。

②装气的钢瓶不得存放在住人的房间、会议室和人员密集的公共场所。

③经常检查炉灶各部位，发现阀门堵塞、失灵、胶管老化等问题，要立即停用并修理。如果发觉室内有液化气石油气气味，要立即关闭炉灶开关和角阀，切断气源，及时打开窗户，严禁在周围吸烟、划火。检查泄漏点可用肥皂水，严禁使用明火试漏。

④炉灶点火时，要先开角阀后划火柴，再开启炉灶开关，如果没有点着，应关闭炉灶开关，等油气扩散后再重新点火。

⑤用完炉火应关好炉灶的开关、角阀，以免因胶管老化破裂、脱落或被老鼠咬破而使气体泄漏。

⑥在使用液化石油气炉灶时，必须确保人员在场，不得离开。同时，锅、壶等容器内的水量应适度，不可过多，以防止容器内的水溢出并扑灭炉火，进而引发液化石油气泄漏的风险。

⑦钢瓶要防止碰撞、敲打，周围环境温度不得大于 35℃，不得接近火炉、暖气等火源、热源。

⑧钢瓶不得倾倒、侧置，严禁用自流的方法将油气从一个钢瓶倒入另一个钢瓶。

⑨厨房工作人员不得自行处理残液，不允许随意排放油气，更不能用残液生火或擦拭机械零件。

⑩发现角阀压盖松动、丝扣上反、手轮关闭上升等现象，应及时上报有关部门处理。

4. 外部停电安全操作规程

①当发生停电情况时，民宿管家要沉着冷静，检查民宿供电设备有无故障，开关有无跳闸，继电保护装置是否联动。

②确定故障原因，及时通报店长。

③配合供电部门进行电力恢复。

④电力恢复后，检查民宿设备的运行状况。

⑤民宿店长要询问电力部门停电原因，做好详细记录，将询问结果、设备运行状况等，及时向电力部门汇报。

三、民宿食品安全管理

根据《中华人民共和国食品安全法》的界定，食品安全是指食品无毒、无害，符合应当有的营养要求，对人体健康不造成任何急性、亚急性或者慢性危害。保证食品安全，这是民宿餐饮安全管理的重中之重。民宿食品安全管理是指民宿运用有效资源，采取计划、组织、领导和控制等方式，对食品、食品添加剂和食品原材料的采购，食品生产、流通、销售及食品消费等过程进行有效的协调及整合，确保食品市场活动健康有序地开展，保证实现公众生命财产安全和社会利益目标的活动过程。

（一）食品原料安全管理

民宿食品安全管理必须从源头着手，要保证食品安全，首先必须保证食品原料的安全。

1. 原料采购安全管理

从民宿食品原料安全的角度，关于原料的采购，必须把握以下关键点：

①按计划采购，即民宿采购员必须根据厨房的需要适量采购，尽可能做到即时烹制，尽量缩短食品原料的储存时间。

②按标准采购，即民宿采购员按照国家食品安全标准及民宿制定的食品原料

标准进行采购，严禁采购或者使用不符合食品安全标准的食品原料、食品添加剂、食品相关产品。

③凭证采购，即民宿采购员在采购食品原料、食品添加剂、食品相关产品时，须向供货商索取并查验其营业执照、生产许可证或者流通许可证、标注通过有关质量认证食品的相关质量认证证书、进口食品的有效商检证明、国家规定应当经过检验检疫食品的检验检疫合格证明。同时，应向供货商索取正式销售发票，或者按照国家相关规定索取有供货商盖章或者签名的销售凭证，并留具真实地址和联系方式，索取和查验的营业执照（身份证明）、生产许可证、流通许可证、质量认证证书、商检证明、检验检疫合格证明、质量检验合格报告和销售发票（凭证）应当按供货商名称或者食品种类整理建档备查，相关档案应当妥善保管，保管期限自该种食品购入之日起不少于两年。对某些确实无法提供合格证明文件的特殊食品原料，应当依照食品安全标准进行检验。

2. *原料储存安全管理*

民宿食品原材料储存是否科学合理，同样关系到食品原料的安全，关键必须注重以下四个环节：

（1）注重原料验收制度

原材料在储存前要经过验收，保证原材料的状态得到正确的识别，包括原材料的类别，原材料是否新鲜、是否已受到污染，原材料当前的温度、干湿、密封状态等。同时，建立食品原料、食品添加剂、食品相关产品进货查验记录制度，如实记录食品原料、食品添加剂、食品相关产品的名称、规格、数量、供货者名称及联系方式、进货日期等内容。食品原料、食品添加剂、食品相关产品进货查验记录应当真实。

（2）注重储存期限

绝大多数烹饪原材料的品质会随着储存时间的延长而下降，不同原材料适合在不同的条件下储存，而且都有一定的储存期限，民宿经营者必须给予高度重视，对不同原材料进行合理的编号，保证其能够按照“先进先出”的原则使用。

（3）注重科学存放

一是食品应分类、分架、隔墙、隔地存放。有异味或易受潮的食品应密封保存或分库存放；不同湿度、温度的原料要分类摆放，以保证原料在一定的期限内保持新鲜的品质；生熟原材料分类储存，应采用合适的盛装容器盛装，如保鲜袋、保鲜盒、食品周转箱，以避免相互污染。

二是散装食品的储存应在散装食品的容器、外包装上标明食品的名称、生产日期、保质期、生产经营者名称及联系方式等内容。

三是要防止原材料在储存过程中可能受到其他用品的污染，避免食物原材料与非食物原材料储存在同一房间。

四是食品仓库须设有防鼠、防蝇、防潮、防霉、通风的设施，并运转正常，防止原材料被污染、发生虫蛀、鼠害及腐败变质。

（4）注重仓库消毒

仓库或冷库由于储存原材料，容易受到微生物的污染，被污染的环境又会污染储存的原材料，使原料变质。因此，要定期或不定期地对冰箱或仓库进行消毒。

3. 食品添加剂安全管理

（1）食品添加剂的种类

食品添加剂是指为改善食品品质和色、香、味以及为防腐、保鲜和加工工艺的需要而加入食品中的人工合成或者天然物质。常用的食品添加剂包括两类：天然添加剂与人工合成添加剂。天然添加剂来自天然物，主要从植物组织中提取，也包括来自动物和微生物的一些色素。人工合成添加剂是指用人工化学合成方法所制得的有机色素，主要是以煤焦油中分离出来的苯胺染料为原料制成的。中国商品分类中的食品添加剂种类共有 35 类，包括增味剂、消泡剂、膨松剂、着色剂、防腐剂等，含添加剂的食品达万种以上。其中，《食品安全国家标准食品添加剂使用标准》和国家卫生健康委员会公告允许使用的食品添加剂分为 23 类，共 2400 多种，制定了国家或行业质量标准的有 364 种。主要有酸度调节剂、抗结剂、消泡剂、抗氧化剂、漂白剂、膨松剂、胶基糖果中基础剂物质、着色剂、护色剂、乳化剂、酶制剂、增味剂、面粉处理剂、被膜剂、水分保持剂、营养强化剂、防腐剂、稳定剂和凝固剂、甜味剂、增稠剂、食品用香料、食品工业用加工助剂及其他等 23 类。

（2）食品添加剂的功效

民宿餐饮在原料储存与菜肴制作的过程中会使用一定的添加剂，是因为合理使用食品添加剂具有以下四种功效：

①防止食品腐败变质。防腐剂可以防止由微生物引起的食品腐败变质，延长食品的保存期，同时，还能防止由微生物污染引起的食物中毒。又如抗氧化剂可阻止或推迟食品的氧化变质，以提高食品的稳定性和耐藏性。同时，也可防止可能有害的油脂自动氧化物质的形成。此外，还可用来防止食品，特别是水果、蔬菜的酶促褐变与非酶褐变。

②改善食品感官性状。适当使用着色剂、护色剂、漂白剂、食用香料以及

乳化剂、增稠剂等食品添加剂，可以明显提高食品的感官质量，满足顾客的不同需要。

③提高营养价值。在食品加工时适当地添加某些属于天然营养范围的食品营养强化剂，可以大大提高食品的营养价值，这对防止营养不良和营养缺乏、促进营养平衡、提高人们健康水平具有重要意义。

④方便食品加工。在食品加工中使用消泡剂、助滤剂、稳定剂和凝固剂等，有利于食品的加工操作。

（3）食品添加剂的控制

虽然食品添加剂具有一定的功效，但若来源不明，材料不正确、滥用等，则对人的健康危害极大。所以，民宿经营者必须加强对食品添加剂的管理。

①采购。添加剂的采购需要了解供应商的货物渠道、供应商的资质，采购人员需要对其负法律责任，一旦出现危险情况，可以第一时间责任到人。

②保管。食品添加剂的存放，不可以与调料放在一起，需要有专门的柜子进行存放。

③登记。每次使用食品添加剂都必须由同一个人记录，不可以随意更换，这样保证了记录的准确性。

④保管。一般由食品安全员保管。

⑤领用。领取的人要固定，如面点师的泡打粉就要由面点师傅领取，炒菜的厨师不可以领取。

（二）食品制作安全

食品制作安全主要是指在菜肴烹饪过程中厨师采取有效防止病原菌污染、控制病原菌的繁殖和杀灭病原菌等措施，保证食品制作的安全。民宿菜肴主要有凉菜、热菜与点心三大类，其安全控制要点简要说明如下：

1. 凉菜制作安全要点

①凉菜需专人加工制作，非操作人员不得擅自进入工作场所。

②每餐开始制作前应进行空气和操作台的消毒。使用紫外线灯消毒的，应在无人工作时开启30分钟以上，并做好记录。

③制作凉菜应使用专用的设备、工具、容器，在使用前应消毒，使用后应洗净并保持清洁。

④供配制凉菜用的蔬菜、水果等食品原料，未经清洗处理干净的，不得带入凉菜间。

⑤制作肉类、水产品类凉菜拼盘应及时冷藏；改刀熟食从改刀后至供应的时间不得超过 3h；隔夜冷荤食品要回烧彻底；冷荤食品烧制后应在 2h 内冷却。

2．热菜烹饪安全要点

①烹饪前应认真检查待加工的食品，发现有腐败变质或者其他感官性状异常的，不得进行烹饪加工。

②不得将回收后的食品经加工后再次销售。

③需要熟制加工的食品应烧熟煮透，其加工时食品中心温度应不低于 70℃。

④严格依照食品安全标准中关于食品添加剂的品种、使用范围、用量的规定等细则来使用食品添加剂。不得添加药品，但是可以添加既是食品又是中药材的物质。

⑤需要冷藏的熟制品，应凉透后再进行冷藏。凡隔餐或隔夜的熟制品不得作为冷菜供应，应经充分再加热后才可食用。冷却应在清洁操作区进行，并标注加工时间等。

⑥用于烹饪的调味料盛放器皿应每天清洁，每餐使用后随即加盖，不得与地面或污垢接触。

⑦加工后的成品应与半成品、原料分开存放。

3．点心加工安全要点

①加工前应认真检查各种食品原辅料，发现有腐败变质或者其他感官性状异常的，不得进行加工。

②需进行热加工的应按规范要求进行操作。

③未用完的点心馅料、半成品点心，应在冷柜内存放，并在规定存放期限内使用。

④奶油类原料应低温存放。水分含量较高的含奶、蛋的点心应当在低于 10℃或高于 60℃的温度条件下储存。

4．裱花操作安全要点

①蛋糕坯应在专用冰箱中冷藏。

②裱浆和经清洗消毒的新鲜水果应当天加工、当天食用。

③植脂奶油裱花蛋糕储藏温度在 3℃ ±2℃；奶油类原料应在 10℃以下存放；水分含量较高的含奶、蛋的点心应在低于 10℃或高于 60℃的条件下储存；蛋白裱花蛋糕、奶油裱花蛋糕、人造奶油裱花蛋糕储藏温度不得超过 20℃。

④含奶、蛋的面点制品在 2h 以上食用时，应当凉透，在 10℃以下专用设施内储存，冷加工糕点储存不超过 24h。

（三）食物中毒管理

发生食物中毒是民宿非常不愿意看到的事情，所以民宿必须立足于防范。但是，即使民宿采取积极的防范措施，仍有可能出现食物中毒问题。为此，民宿经营者必须正确面对，积极处置。

1. 食物中毒的特征

食物中毒是由于人们进食被细菌或细菌毒素污染的食物，或进食含有毒素的动植物等引起的疾病。食物中毒的特征有以下四点：

①中毒病人在相近的时间内均食用过某种共同的有毒食品，未食用者不中毒，停止食用有毒食品后发病很快停止。发病曲线在突然上升后又呈突然下降，无余波。

②潜伏期较短，发病急剧，病程亦较短。

③所有中毒病人的临床表现相似，如恶心、呕吐、腹泻、腹痛等，病程较短。

④一般无人与人之间的直接传染。

2. 食物中毒的原因

食物中毒的类型不同，造成的原因也是多种多样的。

（1）细菌性食物中毒

细菌性食物中毒是指人们摄入含有细菌或细菌毒素的食品而引起的食物中毒，引起食物中毒的原因有以下六个方面：

①生熟交叉污染。如熟食品被生的食品原料污染，或被与生的食品原料接触过的表面污染，或接触熟食品的容器、手、操作台等被生的食品原料污染。

②食品储存不当。如熟食品被长时间存放在10℃～60℃的温度条件下（在此温度下储存时间应小于2h），或易腐原料、半成品食品在不适合的温度下长时间贮存。

③食品未烧熟煮透。如食品烧制时间不足、烹调前未彻底解冻等导致食品加工时中心温度未达到70℃。

④从业人员带菌污染食品。从业人员患有传染病或是带菌者，操作食品时通过手部接触等方式污染食品。

⑤经长时间储存的食品食用前未彻底再加热至中心温度70℃以上。

⑥进食未经加热处理的生食品。

（2）真菌毒素食物中毒

真菌毒素食物中毒是指由于食入霉变食品引起的中毒。该类中毒主要是谷物、油料或植物在储存过程中生霉，且未经适当处理即作食料，或是已做好的食物放久发霉变质误食引起，也有的是在制作发酵食品时被有毒真菌污染或误用有毒真菌。

（3）动物性食物中毒

动物性食物中毒是指食入动物性中毒食品引起的食物中毒，造成动物性食物中毒的常见原因主要有以下两种：

①将天然含有有毒成分的动物或动物的某一部分当作食品，误食引起中毒。

②在一定条件下产生了大量有毒成分的可食的动物性食品，如食用鲐鱼等也可引起中毒。

（4）植物性食物中毒

植物性食物中毒是指食入植物性毒性食品引起的食物中毒。造成植物性食物中毒的常见原因主要有以下三种：

①将天然含有有毒成分的植物或其加工制品当作食品，如桐油、大麻油等引起的食物中毒。

②在食品的加工过程中，将未能破坏或除去有毒成分的植物当作食品食用，如木薯、苦杏仁等。

③在一定条件下，不当食用大量有毒成分的植物性食品，如食用鲜黄花菜、发芽马铃薯、未腌制好的咸菜或未烧熟的扁豆等造成中毒。

（5）化学性食物中毒

化学性食物中毒是指健康人经口摄入了正常数量、在感官无异常，但含有较多化学性有害物的食物后，身体出现急性中毒的现象。造成化学性食物中毒的常见原因有以下四种：

①作为食品原料的食用农产品在种植和养殖过程中或生长环境中，受到化学性有毒有害物质污染，如蔬菜中的农药、猪肝中的瘦肉精等。

②食品中含有天然有毒物质，在加工过程中未去除，如豆浆未煮透使其中的胰蛋白酶抑制物未彻底去除，四季豆加工时加热时间不够使其中的皂素等未完全破坏。

③食品在加工过程受到化学性有毒有害物质的污染，如误将亚硝酸盐当作食盐使用。

④食用有毒有害食品，如毒草、发芽马铃薯、河豚。

3. 食物中毒的处理

假如有客人食用了民宿提供的菜肴而身体不适，店长和民宿管家应沉着冷静、忙而不乱，尽可能控制事态，及时加以处理。其基本处理步骤如下：

①记下顾客的姓名、地址和电话号码。

②询问具体的征兆和症状。

③弄清楚顾客吃过的食物和就餐方式、食用时间、发病时间、病痛持续时间、用过的药、过敏史、病前的医疗情况及免疫接种等信息。

④联系就近的医院，记下看病医生的姓名和医院的名称、地址和电话号码。

⑤店长要在现场协助医生处理病人，了解病人病情，掌握现场资料。

⑥店长、厨师等人员组成的事故处理小组对整个生产过程进行重新检查。

⑦将相关信息递交给医生，以便更好地处理事故，如果确实是食物中毒则承担相应的责任。

⑧查明同样的食物供应了多少份，收集样品，送化验室分析化验。

⑨对参与食品制作过程有关的员工进行体检，查找有无急性患病或近期生病的员工以及疾病带菌者。

⑩分析并记录整个食品制作过程中的情况，明确食物如何受到污染、哪些地方存在细菌，以及这些细菌在食物中繁殖的机会等。

⑪食品储存场所及炊具、餐具、容器等暂不要清洗，待食品卫生监督人员采样结束后，再对器皿进行全面、彻底的清洗、消毒，以防食物中毒的再次发生。

⑫分析并记录餐饮生产和销售最近一段时期的卫生检查结果。

第三节　民宿危机管理的程序

危机管理是为应对各种危机情境所进行的规划决策、动态调整、化解处理及员工培训等活动过程，其目的在于消除或降低危机所带来的威胁和损失。危机管理的程序一般分为三个阶段：危机预先防备、危机启动应对和危机恢复整治。

一、危机预先防备

民宿作为社会性经营企业，面对危机更加敏感，最重要的是阻止危机的发生并预见可能发生的危机。越早认识到民宿存在的威胁，越早采取适当的行动，就越有可能控制危机的走势。因此，危机管理的重点就在于预先防备。正所谓“冰冻三尺非一日之寒”，几乎每次危机的发生都有预兆。如果民宿业主或服务人员有敏锐的洞察力，能根据日常收集到的各方面信息，对可能面临的危机进行预测，及时做好预警工作，并采取有效的防范措施，那么在很大程度上就可能避免危机发生或把危机造成的损害和影响降低。出色的危机预防管理不仅能够预测可能发生的危机情境，积极采取预控措施，而且能为可能发生的危机拟订计划、做好准备，从而从容地应对危机。危机预防要注意以下四个方面的问题：

（一）树立正确的危机意识

要生于忧患，死于安乐；要居安思危，未雨绸缪，这是危机管理理念之所在。预防危机要伴随着经营和发展，要长期坚持不懈，把危机管理当作一种临时性措施和权宜之计的做法是不可取的。在生产经营中，要重视与公众沟通，与社会各界保持良好关系。同时，内部也要沟通顺畅，消除危机隐患。从民宿业主到服务人员都应将危机预防作为日常工作的组成部分。全员的危机意识能提高民宿整体抵御危机的能力，有效地防止危机产生。

（二）建立危机预警系统

民宿经营是与外界环境有密切联系的开放系统，而不是孤立封闭的。预防危机必须建立高度灵敏准确的危机预警系统，随时收集民宿的反馈信息。一旦出现问题，要立即跟踪调查，加以解决；要及时掌握政策决策信息，研究和调整发展战略和经营方针；要准确了解民宿产品和服务在用户心目中的形象，分析掌握用户对民宿组织机构、管理水平、人员素质和服务的评价，从而发现用户的态度及变化趋势；要认真研究竞争对手的现状、实力、潜力、策略和发展趋势，经常进行优劣对比，做到知己知彼；要重视收集和分析内部信息，进行自我诊断和评价，找出薄弱环节，并采取相应措施。

（三）成立危机管理小组，制订危机处理计划

成立危机管理小组是顺利处理危机，协调各方面关系的组织保障。危机管理小组的成员应尽可能选择熟知行业内外部环境，有较高职位的管理人员和专业人士。他们应具有富于创新、善于沟通、严谨细致、处乱不惊、具有亲和力等素质，以便于总揽全局，迅速作出决策。危机管理小组要根据危机发生的可能性，制订出防范和处理危机的计划。包括主导计划和行动计划两部分内容，危机处理计划可以使服务人员做到心中有数，一旦发生危机，可以根据计划从容决策和行动，掌握主动权，对危机迅速做出反应。

（四）进行危机管理的模拟训练

开展全员危机管理培训，提升其应对危机的技能，应根据危机处理计划进行

定期的模拟训练。模拟训练应包括心理训练、危机处理知识培训和危机处理基本功演练等内容。定期模拟训练不仅可以提高危机管理小组的快速反应能力，强化危机管理意识，还可以检测已拟定的危机处理计划是否切实可行。

二、危机启动应对

危机事件往往时间紧，影响面大，处理难度高。危机处理过程中要注意以下五个原则：

（一）积极主动原则

积极主动原则应用于直面危机，把握舆论主动权，有效地控制局势，不可急于推卸责任和听任事态蔓延。即使受害者在发生的事故中有一定的责任，民宿也不应首先追究其责任。当公众反映强烈时，民宿经营者可耐心安抚公众情绪同时宣布如果责任在己，一定负责赔偿，以尽快消除影响。

（二）快速反应原则

危机具有突发性特点，人员、资源越早到位，处理就越容易，代价就越小，可能的不良后果就越小，危机转化为商机的可能性就越大。

（三）专业指导原则

民宿的设施设备类别庞杂，具有很强的专业性，需要从专业的角度为制定预案提供依据。要注重采取专业措施来控制、减轻和消除危机引发的社会危害。

（四）人文和谐原则

危机往往具有社会危害性，极易损害消费者的生命和财产安全。因此，在危机发生的第一时间，首先需要关注的是客人的生命安全，这体现了民宿的人文精神。对于产生的财产损失，要站在受害者的立场上表示同情和安慰。

（五）公众利益至上原则

危机处理中首先应考虑公众利益，要以公众利益为重实事求是、不推诿，主动将危机真相和弥补措施公布于众，并通过正规媒体渠道发布信息，避免传言上升为谣言，以获取公众的信任和支持，对消费者的经济和精神损失主动给予补偿。

三、危机恢复整治

危机总结是整个危机管理的最后环节。危机所造成的巨大损失会带来相应的教训，所以，对危机管理进行认真系统的总结十分必要。危机总结可分为三个步骤。

（一）调查

调查指对危机发生原因和相关预防处理的全部措施进行系统调查。

（二）评价

评价指对危机管理工作进行全面的评价。包括对预警系统的组织和工作内容、危机处理计划、危机决策和处理等各方面的评价，要详尽地列出危机管理工作中存在的各种问题。

（三）整改

整改指对危机管理中存在的各种问题综合归类，分别提出整改措施，并责令有关部门逐项落实。

第四节　常见民宿危机及处理

在民宿服务过程中可能面临治安暴力恶性事件、故意滋扰醉酒肇事、客人发生纠纷、客人丢失物品、客人遗留物品或客人损坏物品等情况，掌握正确的处理方法减少损害，保持正常的经营服务环境，对民宿的发展意义重大。

一、治安暴力恶性事件

民宿内部应预防暴力事件发生，若因社会上的违法犯罪分子混进，在民宿发生抢劫、凶杀、暗杀、枪杀等暴力事件或在民宿出现有治安犯罪迹象的分子，按以下规范处理：

（一）报警程序

①如果在民宿内部发生抢劫、凶杀、枪击、绑架等暴力恶性案件，发现人在特别紧急情况下应快速拨打报警电话，并报告民宿保安部，其次报告民宿业主。

②报警时要说明报警人的身份、发现案件的时间、地点及案件的简明情况，

是否有人员伤亡、现场状况、现场是否有人进入、是否有人围观等。

③接到报警后，保安部应迅速到达现场确认。

④保安部到达现场后，立即向公安机关报案。在公安机关到达现场之前，由保安部在现场进行指挥，封闭现场，派专人看守。

⑤保安部值班人员要将报警人报告的情况，详细记录下来。

（二）处理程序

①保安部人员要携带警棍、对讲机、记录本、手电筒迅速赶到现场。

②确认并保护犯罪现场，禁止无关人员入内，维护现场秩序，疏散围观人员，尽快将现场与外界隔离。

③向前台询问有关被害人的基本情况。

④向当事人或报案人、知情人了解案情并做记录。

⑤协助公安机关对现场进行勘察。

⑥协助抢救伤员，并同医务人员一同前往医院，酌情向伤员了解、记录有关案情。

⑦如果罪犯正在楼层行凶或准备逃跑。在确保人员安全的情况下，封锁各个出入口，采取有效措施进行制止和控制，同时注意采取措施，避免人员伤亡。一旦抓获案犯，要派专人严加看守，以待转交公安机关处理。

⑧如果有人被绑架或被扣押，应立即报告公安机关，并采取必要的措施设法控制事态的发展，避免激怒案犯伤害人质，确保人质的人身安全。

⑨配合处理善后工作，配合公安机关或有关部门清理被害人财物等。

二、故意滋扰醉酒肇事

（一）故意滋事

①服务人员在所辖区域内发现有醉酒或精神病人员有闹事苗头，应密切注意其动态，并及时报告值班经理。

②值班经理到场后应根据情况进行劝解工作。

③若已发生打架斗殴、流氓闹事，应立即报告保安部。在保安部无法控制局面的情况下，迅速拨打报警电话。

④报警时要报清报警人的姓名、联系电话、发生地点、事件的简要情况等。

⑤在场的服务人员要尽可能地记清滋事人员的明显相貌特征、人数、服装等。

⑥值班经理应将目击者留下，以便保安部或公安机关了解情况。

⑦若有伤者可拨打急救中心电话，在救护人员未到之前尽可能地询问伤者姓名、联系电话等信息。

（二）醉酒肇事

1. 餐厅醉酒肇事

①当客人饮酒过量有肇事可能时，服务人员应从关心客人身体健康的角度出发，劝其停饮和少饮。

②服务人员发现客人醉酒肇事应及时劝阻，立即通知餐饮部经理和保安赶到现场，防止事态扩大。对劝阻无效的客人，保安应采取强制措施，让其离开现场。情节一般的给予教育，情节严重的应报告公安机关处理，对损坏的设施进行索赔。

③肇事行为特别恶劣的，保安部应组织力量维持现场秩序，警惕不法分子趁机作案。同时保护好肇事现场，收集斗殴证据，并动员现场见证人向公安机关提供证据。

2. 客房醉酒肇事

①服务员发现客房内有醉酒宾客肇事时，应立即通知客房经理和保安赶到现场，防止事态扩大。客房经理应组织人员帮助客人解酒，并安抚客人的情绪。对劝阻无效的客人，保安应采取强制措施将其劝离现场，以免影响其余房间客人休息。

②肇事行为特别恶劣的，应报公安机关处理。保安部应组织力量保护好肇事现场，收集斗殴证据，并动员现场见证人向公安机关提供证据。

③客人醉酒后发生斗殴事件时，当班保安应立即组成应急小分队，赶到现场设法平息事件。若不能平息事件则应采取强制措施，若事态扩大应立即拨打报警电话或报告辖区派出所进行处置。公安人员未到达前，保安应急人员应在现场控制事态，维持秩序，服务人员应有序疏散客人。

三、客人发生纠纷处置

（一）防范措施

①前台、客房服务员对前来问询住店客人信息的人员要给予拒绝，严禁在未征得住店客人同意的情况下，将客人的任何信息透露给他人。

②客房服务人员要在服务的过程中，密切关注民宿内部情况，特别是来往会

客人员以及客人之间谈话的气氛。各楼区主管和服务人员要对有债务纠纷的公司和客人做到心中有数。

③客房服务人员要加强对楼层的巡视和检查，严格落实会客登记制度，尤其要在年初、年末增加对客人的巡视频率。发现外来人员要主动、礼貌地上前询问要找的客人，是否有约等。

④对拒绝进行会客登记的外来人员要记清其相貌特征、衣着打扮、口音、表情、动作和随身携带的物品，并注意在房间附近进行观察是否有异常情况。

⑤对经常到固定房间的外来人员要进行特别的严密监视，并采取必要措施。

⑥如果住店客人事先提出过寻求保护的特殊要求，客房部要特别注意其会客人员，未经住店客人允许，应礼貌阻止外来人员进入房间。对强行闯入、神色异常、有携带凶器之嫌的人员要迅速报告保安部。

（二）处置预案

①如果外来人员与住店客人因纠纷发生口角，客房服务人员要主动上前劝阻外来人员尽快离开酒店，并通过合法手续解决纠纷。

②如果住店客人与外来人员因纠纷发生打架斗殴的情况，服务人员要迅速报告保安部。报告时讲清报告人姓名、所在部门、发生事件的时间、地点、简要情况、有无人员伤亡等。

③若纠纷情节较重，保安部接到报告后，应迅速赶到现场控制局面，将外来人员劝离客房区直至保证其离开民宿。

④若纠纷情节较轻，为避免激化矛盾，保安部在接到报案后应适时、酌情前往进行处理，并注意文明用语。

⑤如果因债务、经济纠纷引发凶杀、枪击、绑架等暴力恶性案件，要迅速拨打报警电话，并报告保安部，随后保安部协助公安机关了解相关情况，保护住店客人。

四、客人丢失物品处理

（一）接到客人报失

民宿服务人员接到客人反映有物品丢失的情况首先应安抚客人，并记录发生地点和丢失的物品（名称、特征、数量）。

（二）采取的措施

①通知保安部并与保安人员共同到达出事现场。

②协助保安人员在丢失物品地点查找丢失物品。

③若现场未能找到丢失物品，请客人填写丢失报告并签字。客人提出交由公安机关处理时，应协助客人报案。

（三）丢失报告的处理

①若客人在丢失报告中有指控民宿内容的，不能贸然签字。

②若客人有要求，可将丢失报告复印件交给客人保存。

③将丢失报告复印两份，分别送报涉及的值班经理和保安部。

④将丢失报告原件存档。

（四）做记录

在服务区交接班本上详细记录客人姓名、房间号、住店日期、丢失物品资料等情况。

（五）失物认领

①找到客人丢失的物品后，应及时联系客人。若客人在店，应由服务人员陪同保安部人员或公安人员到房间为客人办理认领手续；若客人已经离店，应请客人尽快来民宿认领失物。

②请客人描述失物的特征，确认无误后应马上将失物交还给客人，并请客人签字。

五、客人遗留物品处理

（一）发现未离店客人的遗留品

服务人员发现遗留物品后，应及时通知前台（或知道客人所在位置的部门，如餐厅），第一时间交还给客人。

（二）发现已离店客人的遗留物品

1. 客人遗留物品登记

①当客人已经离店、无法马上交还时，需详细填写《宾客遗留物品登记表》，上交保存并通知前台。

②认真记录物品名称、数量、特征、接待单位、丢拾者姓名。对于遗留的贵重物品，值班人员应及时报告前台，经指示后派人送到保安部。

2. 客人遗留物品保管

①凡是客人遗留的物品，均应妥善保管，不准丢弃或损坏。

②使用专柜保存，并由专人对客人遗留物品进行管理。

3. 客人遗留物品送还

①在确认客人所失物品无误后，请客人在丢失物品认领本上签字认领。

②客人通过电话、书信说明情况属实后，可委托他人来店认领。认领时，须查验其证件，核对无误后将遗留物品交还客人或认领人，记下认领人身份证号码、地址和姓名，由认领人签名。也可以通过邮寄送还物品，邮资由客人承担（先向客人说明并取得客人同意），邮局回执保留一个月。

③根据遗失物品保存期规定，贵重物品保存期限为 1 至 2 年，一般物品保存期为 3 至 6 个月，食品保存期为 3 天至 1 个月。

六、客人损坏物品处理

（一）调查

接到客人损坏财物的通知报告后，值班经理需亲自检查被损物品，并与客人核实情况。

（二）查阅价格

查阅被损物品的赔偿价格。

（三）索赔

直接与客人联系，有礼貌地讲明制度并要求赔偿。

（四）处理

1. 被损物品价值较小

①向损坏者表明民宿将保留向其索赔的权利，及时判断赔偿金额，请客人付现金或记入房账并填写赔偿单。

②若客人不在场时先记入其房账并填写赔偿单，再给客人留言请其与主管联系，由值班经理负责向其解释说明。

③用照相机拍摄现场。

2. 被损物品价值较高

①判断是否有潜在危险，并及时拆除或封锁现场危险区。

②向损坏者表明民宿将保留向其索赔的权利，第一时间判断索赔金额，请客人付现金或记入房账，填写赔偿单。

③填写财物损坏报告，连同现场照片呈交有关部门。

3. 损坏物品的客人已离店

若客人已离开民宿或者找不到当事人无法马上向其索赔时，必须在日记上记录事情的经过，并向上级领导汇报。

（五）善后工作

①通知有关部门进行事后处理，补充被损坏物品。

②将详细情况记录于值班日记。

第五章　现代民宿经营发展案例

通过分析现代民宿经营的发展案例，探讨我国民宿产业的未来发展趋势。本章主要介绍了现代民宿产业发展路径案例研究、现代民宿餐饮审美构建案例研究、现代民宿品牌价值提升案例研究。

第一节　现代民宿产业发展路径案例研究

我国民宿产业只有 20 多年的历史，最初的形态是利用闲置的房间资源招待旅游消费者。近年来，国内民宿产业呈现快速发展的趋势，现以上海为例，探讨民宿产业的发展路径。

一、上海民宿产业的现状研究

（一）上海民宿产业发展的时间脉络

1984 年至 2003 年，我国的民宿多以“农家乐”形式出现，尚不成规模体系，大多依靠家庭持续投资进行改造维护，从而实现盈利。从 2003 年至 2016 年，民宿逐渐出现个性化发展趋势，主要依托民宿业主自身特质和个性十足的文化风格，兼具自发性和零散性。虽然出现了合伙人投资模式，但人力、物力、时间、成本的耗费较高，经营状况并不理想。例如，上海郊区民宿刚刚起步就遭遇了瓶颈期，导致上海民宿产业发展出现诸多矛盾和问题。主要表现在：一是国内没有统一民宿标准，民宿概念和内涵含糊不清使得部分政策难以制定和实施；二是许多郊区民宿由于农村房屋的自身问题很难通过证照经营审核；三是民宿产业发展的大环境并未形成，其所依托的消费观念、政策配套、行业规范等整体环境有待提高。此后，随着消费需求的增加以及市场规模的不断扩大，民宿产业引起了政府的关注。上海市政府也对上海民宿发展出台了一系列规范和整改措施文件。首先，结合当时正在修编的《上海市现代农业“十三五”规划》与郊野公园建设、未来以旅游为主业的特色小镇建设和区县休闲农业用地项目试点等进行多方面联动，共同构筑上海民宿的系统性发展格局。其次，探索试点，逐步规范形成全市层面的民宿管理办法。最后，政府牵头，把专家力量、民间资本及政府政策等共同整合起来，为上海民宿产业的健康持续发展提供支持。

2017年至今，民宿业逐渐呈现高端化、精品化、专业化和品牌连锁化的发展趋势。随着游客数量逐年增长，住宿行业供不应求。政府的持续关注、周边行业的积极对接、互联网资金平台高度配合等因素促进民宿行业群落兴起。在经营项目上，民宿可以提供自助烧烤、采摘农作物、集体娱乐活动等体验性或自助式项目，房屋数量通常在50间以下。2018年9月3日，上海市旅游局（现上海市文化和旅游局）市农业农村委员会发布了《关于促进本市乡村民宿发展的指导意见》（以下简称《指导意见》），自此，上海民宿经济发展有了清晰的标准与规定。《指导意见》提出民宿产业需要坚持的两个原则：一是规划引领、有序发展的原则；二是政府引领、市场参与的原则。《指导意见》不仅从经营主体、经营用房、建筑安全、公共安全、生态环境、从业人员、诚信经营等方面作出了明确规定，同时也细致到规定单体民宿建筑面积不得超过800m^2、高度不得高于4层、标准间（或单间）不超过14间等内容。2019年7月，文化和旅游部为方便对全国民宿产业发展情况进行研究，以原来《旅游民宿基本要求与评价》里对旅游民宿的定义为基础，对旅游民宿的范围进行拓展，加入了有特色、有个性、有文化品位的客栈、家庭旅馆和小型精品酒店等小型住宿形式。近年来，在线旅游规模持续扩大，OTA销售主导化趋势日渐明显，游客不断追求个性化。相对于传统酒店而言，个性化本就是民宿的主要特征，民宿个性化通常是指在建筑和装修风格上具有浓厚的当地特色或店主特色。根据2020年的统计数据，在众多线上旅游预订平台中，如携程、去哪儿、途家、爱彼迎等在上海均有超过万套的优秀房源。

目前，上海民宿行业仍处于发展阶段，城市民宿与乡村民宿在市场中并存，不过乡村民宿主要以景区为核心向周边辐射，形成了过分集中于景区的特点。

（二）上海民宿产业发展的空间格局

民宿是家庭住户利用住宅中的空闲房间，或家中其他闲置的房屋以家庭副业的方式进行经营，提供给旅客住宿的场所。民宿同旅馆或饭店之间特质上的差异非常大，民宿的存在意义并不在于高级奢华的设施，而在于通过它能让人体验到当地的文化、习俗、风情和生活方式，因此民宿的经营方式决定了它和旅游业之间无法分割。民宿在国内通常也被称为短租房，最早流行民宿的地方是丽江、桂林等以旅游业为经济支柱的城市，并且常以农家乐的形式出现。近年来随着国外民宿预订网站爱彼迎的爆火并且快速进入中国市场，中国的各大城市也都开始出现民宿流行的现象。

上海在近年来的发展过程中，经济方面的职能被不断强化，这也导致城市本身的“个性”不够凸显，与世界其他大都市相比缺少浓厚的文化氛围，给人留下发达城市的印象。因此，如果不是很熟悉上海的本地人，很难立刻说出上海地区的特色。对旅行者而言，入住民宿是更深入了解上海文化特征的重要方式。民宿产业本身是一种商业行为，同时也是民间私人经济体系的呈现，很多方面仍处于法规上的灰色地带，存在一定的隐患。上海的相关法规对民宿的营业资质限定为自有住宅的空闲房间，同时明确了民宿的消防规定、客房数量和经营规模等内容。然而在上海市内，对民宿规范有明确的认识，并依法申请的民宿经营者仍然属于少数，绝大多数民宿的经营者选择经营民宿是为了让闲置的房间能够获得经济效益，法律意识相对较为淡薄。

在蚂蚁短租和小猪短租（国内较大的两个民宿在线预订平台）上对上海民宿地理分布的数据进行了查询。在蚂蚁短租民宿预订平台上查询到一些相关数据（图 5—1—1）。

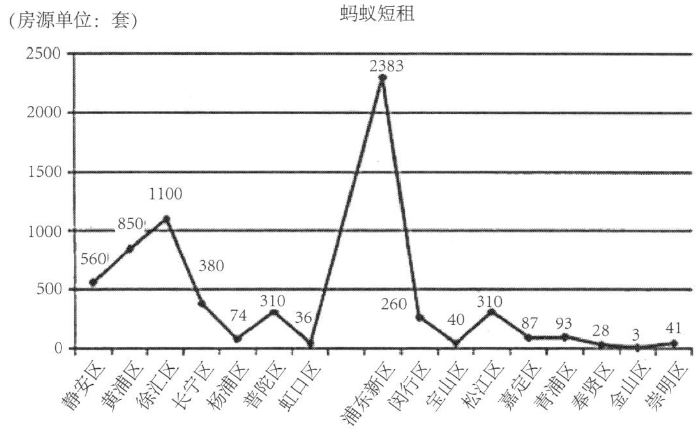

图 5—1—1　蚂蚁短租平台上海民宿的地理分布

由图 5–1–1 可知，全上海共有超过 6555 套房源（2018 年统计数据）在该平台上可接受预订。以行政区为单位划分的民宿地理分布情况如下：静安区（已合并前闸北区）有 560 套房源可预订，黄浦区（已合并前卢湾区）有 850 套房源可预订，徐汇区有 1100 套房源可预订，长宁区有 380 套房源可预订，杨浦区共有 74 套房源可预订，普陀区有 310 套房源可预订，虹口区共有 36 套房源可预订，浦东新区有 2383 套房源可预订，闵行区有 260 套房源可预订，宝山区共有 40 套房源可预订，松江区有 310 套房源可预订，嘉定区共有 87 套房源可预订，青浦区共有 93 套房源可预订，奉贤区共有 28 套房源可预订，金山区共有 3 套房源可预订，崇明区共有 41 套房源可预订。

在小猪短租民宿预订平台上查询到一些相关数据（图 5–1–2）。

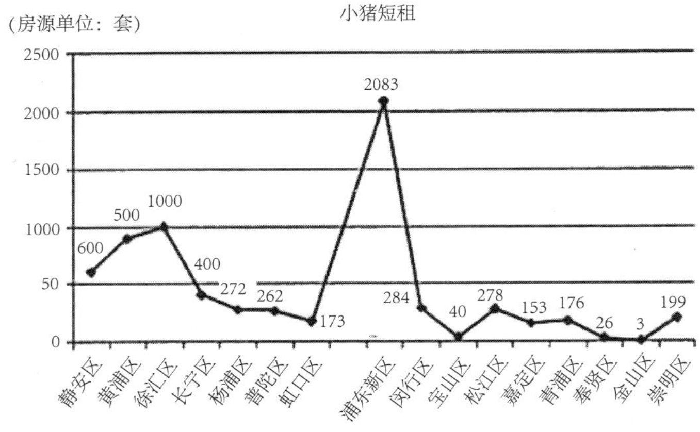

图 5–1–2　小猪短租平台上海民宿的地理分布

由图 5–1–2 可知，与蚂蚁短租相似，全上海共有超过 6849 套房源（2018 年统计数据）在该平台上可接受预订。以行政区为单位划分的民宿地理分布情况如下：静安区（已合并前闸北区）有 600 套房源可预订，黄浦区（已合并前卢湾区）有 900 套房源可预订，徐汇区有 1000 套房源可预订，长宁区有 400 套房源可预订，杨浦区共有 272 套房源可预订，普陀区共有 262 套房源可预订，虹口区共有 173 套房源可预订，浦东新区有 2083 套房源可预订，闵行区共有 284 套房源可预订，宝山区共有 40 套房源可预订，松江区共有 278 套房源可预订，嘉定区共有 153 套房源可预订，青浦区共有 176 套房源可预订，奉贤区共有 26 套房源可预订，金山区共有 3 套房源可预订，崇明区共有 199 套房源可预订。

通过将两个民宿预订平台的数据进行比对整理可以发现，在这两个民宿预订平台中，房源较多的区域都是浦东新区、徐汇区、黄浦区及静安区。而在上海的市郊，农家乐本该非常流行的崇明、青浦等区的民宿房源则非常少。由此可以发现，上海的民宿不同于以自然及乡村风景为主的其他地区，其主要以城市民宿为主，并且大部分的民宿都分布于上海知名旅游景点遍布较多的市中心，如浦东新区，有陆家嘴、东方明珠及迪士尼乐园等景点；徐汇区，有很多历史遗留下来的充满上海风情的租界；静安区，有静安寺以及南京西路等上海著名的商业街。

二、上海民宿发展的实证分析

（一）上海民宿产业供给特征

上海作为国际化大都市，在近年来的发展过程中，经济方面的职能被不断强化，这也导致城市本身的“个性”不够凸显，与世界其他大都市相比缺乏浓厚的文化氛围。从入住游客的文化感知来看，游客文化感知强度分布与地方认同强弱程度的分布在空间上较为一致。上海部分城区（杨浦、静安、虹口、普陀、黄浦、长宁）由于历史文化底蕴深厚，文化感知强度较高，而郊区与乡村的历史与文化积淀不足，文化感知强度较低。目前民宿产品的文化主题主要以其依附的景区特征为主，例如，迪士尼主题乐园周边民宿的文化元素是以迪士尼的动漫文化题材为主，而上海海派文化及其历史人文信息的呈现明显不足，或者可以说几乎没有体现。

（二）上海民宿竞争环境分析

1．传统酒店

在大多数消费者的心中，传统酒店仍然是他们的首选。在民宿的负面评价中可以发现，大部分关于房间内部设施以及卫生方面的负面评价，都是消费者基于传统酒店的标准而对民宿进行的评价。传统酒店在旅游住宿的消费者心中已经根深蒂固，它带来的某些住宿习惯也已经形成。

2．小型旅馆

小型旅馆和大型酒店没有根本性的差别，都是为消费者提供安全舒适的居住场所。小型旅馆和大型酒店的不同之处在于，小型旅馆往往不提供饮食娱乐等场所。消费者需要自己承担每日的饮食娱乐等其他消费，因此，小型旅馆的价格要比大型酒店低很多。小型旅馆一般不会出现在主干道上，一方面是由于价格因素，另一方面也是城市规划的要求。上海是我国的经济中心，对城市发展的方向和具体建设有相应的规划。小型的旅馆往往会出现在街角、小巷、社区等远离商业中心的地区。由于价格低廉、有明显的招牌和宣传标志，小型旅馆也成为短期旅客的重要选择，对许多游客而言，居住在小型旅馆同样也是比较优先的选择。

3. 青年公寓

青年公寓是运营商采用收购改造或开发建设的形式，面向青年群体提供的可以居住或创业的综合式公寓。青年公寓配置全套家私，灵活租赁，强调小资品质的生活环境。青年公寓同样是旅馆的一类，就性质来讲和民宿的差别不大。青年公寓提供合租服务，与学生宿舍相似，价格比较亲民，在环境方面也能够达到比较高的标准。在上海，青年公寓由于更加亲民的价格和便捷的服务获得了较高的口碑，同样也是上海民宿的主要竞争者之一。

三、上海民宿空间文化符号分析

目前国内外学者对民宿的研究日趋成熟，但很少有研究涉及民宿的文化符号这一领域。在文化符号研究领域，无论是国外学者还是国内学者，都对其有着深刻的理解。他们不仅详细阐释了文化符号的表征现象，而且深度剖析了其内在价值，很有参考意义。依据可供参考的文化符号文献，可以将文化符号区分为物质文化符号与精神文化符号，其作为民宿的核心内在价值，在游客的感知过程中发挥着至关重要的作用。民宿文化符号由“物”及“人”，又从“人”反馈到“物”，这样一种循环的价值传递过程，每一步都值得我们去挖掘探讨。从深层次的角度来看，文化符号与游客感知之间，不仅是一种简单的影响关系，更包含了一种复杂的文化认同与精神共建关系。

民宿的内在价值很大程度上依托于自身的文化符号来表达，因此，建立一个可靠的文化符号理论体系至关重要。在原有的物质文化、制度文化和精神文化基础上，对地理空间、物象表征、行为文化、深层文化、体验项目五个部分进行修改，将其中的行为文化改为人的行为，并通过整理国内外学者的研究，从中摘取民宿文化符号相关的文献，对其进行提炼总结，最后得出民宿文化符号体系的各个具体表征。(表 5–1–1)

表 5－1－1　基于游客感知视角的民宿文化符号体系

<table>
<tr><th>价值维度</th><th>一级指标
（层次）</th><th>二级指标
（表征）</th><th>三级指标
（表征符号）</th><th>四级指标
（具体表征）</th></tr>
<tr><td rowspan="3">社会价值</td><td rowspan="9">物质文化</td><td rowspan="3">地理空间</td><td rowspan="3">地域景观</td><td>靠近主要旅游景点</td></tr>
<tr><td>拥有特色景观</td></tr>
<tr><td>生态环境优越</td></tr>
<tr><td rowspan="6">价格价值</td><td rowspan="6">物象表征</td><td rowspan="3">本土特色</td><td>体验当地民风民俗</td></tr>
<tr><td>享受当地特色产品</td></tr>
<tr><td>感受当地生活气息</td></tr>
<tr><td rowspan="3">装饰主题</td><td>建筑设计独特新奇</td></tr>
<tr><td>内在装饰主题鲜明</td></tr>
<tr><td>风格体现当地文化</td></tr>
<tr><td rowspan="5">情感价值</td><td rowspan="5">制度文化</td><td rowspan="5">人的行为</td><td rowspan="3">家庭氛围</td><td>温馨舒适的氛围</td></tr>
<tr><td>主人热情友爱</td></tr>
<tr><td>主客交流的公共空间</td></tr>
<tr><td rowspan="2">社交空间</td><td>主人容易沟通</td></tr>
<tr><td>有良好的口碑</td></tr>
<tr><td rowspan="4">质量价值</td><td rowspan="4">精神文化</td><td rowspan="2">体验项目</td><td rowspan="2">个性体验</td><td>个性活动丰富</td></tr>
<tr><td>配套设施完善</td></tr>
<tr><td rowspan="2">深层文化</td><td rowspan="2">文化内涵</td><td>艺术文化气息浓郁</td></tr>
<tr><td>人文历史底蕴深厚</td></tr>
</table>

从游客感知价值维度将其分为两个维度，分别是社会价值和情感价值，它包括民宿拥有良好的口碑、民宿拥有令人向往的生态环境、民宿主人服务态度良好、容易沟通等 12 个具体表征；质量、价格价值，它包括民宿具有艺术文化气息、主客交流的公共空间、民宿提供丰富的配套设施等 6 个具体表征。基于情感价值和价格价值等四种游客感知价值维度的民宿文化符号表现在三个层面：物质文化、精神文化和制度文化，其中又包含了五个部分：地理空间、物象表征、人的行为、体验项目和深层文化，它们又分别由七个表征符号：地域景观、本土特色、装饰主题、家庭氛围、社交空间、个性体验和文化内涵组成，每一个表征符号都有其相对应的具体表征。

在地域景观表征符号中，民宿自身的景观相对周边景点来说更有吸引力，同时生态环境良好也是游客感知的一个重点。在本土特色表征符号中，民宿作为纽带让游客享受具有当地特色的实际产品是较为重要的具体表征。在装饰主题表征符号中，民宿建筑风格能体现当地文化是最为重要的一点，且内在装饰的主题相对于独特的建筑外形更容易被游客接受。在家庭氛围表征符号中，民宿主人的热情友好对游客的感知产生着巨大的情感价值，为民宿注入了灵魂。在社交空间表征符号中，民宿拥有良好的口碑是吸引游客最为关键的一点，除此之外民宿也要注重游客的隐私保护。在个性体验表征符号中，体验型民宿提供的针对性特色活动比附加性的体验活动更有可行性。在文化内涵表征符号中，游客对文化艺术气息的感知弱于对民宿历史人文底蕴的感知。

四、上海民宿产业开发策略分析

（一）民宿内部设施完善

推动上海地区民宿的发展，要保证民宿内部设施的完善。即使徐汇区、黄浦区和静安区这三个行政区的民宿通常都是历史悠久的老式小区，民宿经营者依然应该寻求各种方法来增强消费者的入住体验。具体包括随时维修更新民宿内的各种电气设施，排查安全隐患，对民宿内部的被褥、洗漱用具、卫生用品等必需品加以完善，对民宿各方面进行严格管理等。

（二）民宿外部环境提升

无论是徐汇区、静安区和黄浦区这三个发展历史较为悠久的行政区，还是改革开放后才逐渐开始发展的浦东新区，或多或少都存在民宿所在的住宅小区外部环境较差的问题。虽然民宿经营者无法对住宅小区的外部环境进行整改，但是能够加强民宿隔音设施的建设，保证民宿所在楼面的整洁。在与消费者的沟通过程中，强调该区域的历史特征及文化特色，对外部环境进行一定的解释，相对比较容易得到消费者的理解。

（三）强化民宿规制管理

由于民宿通常是有空闲房屋的房东的副业，经营者通常并没有接受过专业的管理方面的知识培训，因此会出现与入住者交换钥匙时产生误会从而使其空等很久的问题，极大地影响了游客的入住体验。因此民宿经营者应加强对管理方面知识的学习，提高对民宿的管理能力，增强消费者的入住体验。

（四）民宿营销体系构建

传统酒店已经成为大部分消费者外出旅游时的住宿首选，青年公寓近几年由于价格的优势也逐渐受到年轻人的欢迎。民宿作为旅游住宿业的新兴行业，相对缺乏营销体系。一间民宿的评论数目与该地区的酒店在线上预订平台上的评论数目相比相差甚远，可知目前民宿这个概念在消费者中并未广为人知。因此，要发展民宿除了敦促民宿经营者提高民宿自身质量，各大民宿预订平台或从事民宿行业的相关人员也应促进民宿的市场传播与营销。

（五）民宿文化符号挖掘

从总体上来看，民宿文化符号的生产与挖掘应基于游客感知视角。众所周知，民宿区别于传统住宿形式的标志就在于其展现出的独特新奇的文化。从游客感知视角出发，全面地探寻民宿文化符号的影响具有较大的实践意义。具体来说，民宿文化符号的生产与挖掘可以从以下四个方面进行强化：

1. 因地制宜，构建特色的地域生态环境

部分民宿是依附于周边景点而发展起来的，并不是凭借自身的景观来吸引游客。而更多的游客去体验民宿是为了观赏民宿周边的优美环境，以达到放松身心的目的。由此，民宿定址于优越的地理区位或是改造自身的生态环境都不失为招徕游客的好方法。

2. 提供特产，提升游客旅游体验的纪念价值

游客入住民宿是旅行过程中的一个环节。既然游客是为了旅行而选择民宿，就一定想要留下一些回忆，可以是摄影，也可以是写游记，但是最直接的方式还是享受当地的特产或是购买一些特产留作纪念。具有丰富旅游资源的民宿可以从最简单的游客感知入手，给游客留下珍贵的回忆，也能以此作为吸引游客的一种有效手段。

3. 培养情怀，塑造充满人文关怀的民宿业主风貌

民宿主人可以说是民宿的核心价值，一家有灵魂的民宿不能缺少一位和善友爱的民宿主人，这在以副业方式经营的民宿中尤为显著。在民宿主人与游客的良好沟通之中，游客对民宿的感知及其情感价值的变化都会被民宿主人的个人魅力所影响，这是一个比较大的发现。从其他角度来看，民宿自身较强的文化氛围也要求民宿主人需要有更高的文化涵养，这体现在他的情怀和阅历之中，这也与专家学者对成功民宿的深度剖析结果一致。

4. 社交塑造，厚积卓越的社会声誉资本

游客入住民宿的过程中，很大概率会与民宿主人或者其他游客进行交流。游客与他人之间积极地社交可以加深游客对本次旅行的印象，带来正向的反馈。而大多数游客对民宿社交的意向偏向于被动或是抗拒，他们认为在入住民宿时与其他游客交流分享是不必要的。如果是在这样的游客意愿指导下，民宿尽量避免创造游客社交空间是较为正确的，但世事无绝对。游客与民宿主人或其他游客保持友好沟通，使民宿产生良好的口碑效应正是游客关注的一个重点。

随着民宿行业的快速发展，政府也日益关注这一新兴旅游住宿形式。民宿经营者和政府相关机构可以深度挖掘民宿文化符号，以促进民宿行业的转型升级。

第二节　现代民宿餐饮审美构建案例研究

在实施乡村振兴战略的背景下，乡村旅游随着人们对乡村生活的向往、对精神复归自然的渴望而逐渐兴起，其中的内在精神驱动是对生活美学的追求。立足于中国传统文化中诗意栖居的理想境界，本节重点阐述了生活美学的内涵，并以餐饮为主要切入点和诠释对象，阐述“有家”如何通过绿色食材、互动式可食生态系统体验、沉浸式自然交互私宴、节气养生餐等实现生活细节与情境的审美创构。

一、关于生活美学

生活美学是根源于中国本土，既植根于生活又进入审美层面的悠久传统。我们确认生活美学，是为了亲近和尊重生活，承认生活原有的审美品质。

生活美学是对雅致生活的追求，是精神上的知足与富足，超越了物品本身的实用功能，脱离了单纯的物质享受，以审美愉悦赋予物理空间以活力，使审美成为自觉的生活态度和意识。生活美学意在创造一种如诗般的生活情境，使人们得以重新审视和拥抱日常生活，以自然、简单、率真的审美眼光重构生活细节，悠闲自在地全情投入，以宁和清静、自然而然之心经营生活。

回望过去，前人对这种诗意栖居的向往与追求从未停止，他们在生活的物质空间的创构中融入文化理想与人生理想，表达自我的精神世界和情怀。事实上，这是中国传统文化中感性个体的审美趣味与审美理想的体现，也是文化知识群体共同的心声，从晋代的“兰亭之会”到宋代的“西园雅集”，莫不如是。因此，生活美学根植于中华传统文化的沃土，是一种精神传承和文化归复。一脉生活之流得以跨越时代、绵延不绝、无限伸展、生生相续、新新不停。

生活美学是遵循美的规律构筑生活。

二、“有家”——生活美学的践行者

古人云“居山水间者为上”，莫干山景区的晨昏更迭，春夏秋冬四季轮回，晴雨霜雪气象变化，常变常新，富有动态美感，无一不是卓绝风景。莫干“有家”，德清县莫干山荫山街370号民宿，正坐落于此。这里有着最适合人类居住和植物生长的海拔高度，山区负氧离子丰富，有利于激活和强化人体生理活动，这使得莫干“有家”成为一处适合宁神养心的自然之境。

“有家”是一家集住宿、餐饮、书吧、咖啡、旅游、休闲娱乐于一体的极具民国风情的主题民宿。民宿利用地形有意识地搭建了层级丰富的多重户外活动空间，搭配多种生活场景，包括但不限于户外庭院、青翠茶园、菜地、儿童趣味拓展区、飞屋等，以满足顾客的多种户外活动需求，如品茶赏景、聚会派对、露天电影、亲子活动等。在悠远山景之间、明月星海之下，日升日落就在身侧，真正将居住空间寓于山野之中，诠释了“有家”以自然为友、以自然为家、天人合一的绿色化生活理念。（图5—2—1、图5—2—2、图5—2—3）

图5—2—1 民宿公共区域

图 5—2—2　民宿外部

图 5—2—3　民宿客房

佛家讲“六根”，眼耳鼻舌身意缺一不可，视觉、听觉、嗅觉、味觉和触觉五蕴共生，共同刺激形成一个完整的感官体验，从而激发情感共鸣。“有家”不断尝试从顾客的全面感官体验出发，将佛家的“六根”与“六尘”相融合，产生“六有”：有味、有景、有感、有闻、有乐、有家，力求让物质环境的一切细节都变得生动有趣，审美化的细节由此照亮生活，从而为生活匆促的人们提供片刻的舒适，提升游客的幸福感。

“有家”生活美学的构建，从“吃”开始。

（一）绿色食材，“三无”产品

“有家”生活的绿色健康食材来源于自栽自种的绿色有机果蔬，他们依循大自然法则，采用可持续的耕种方式，以维护土壤生机的土壤培育为基础，在果蔬栽培中不使用任何化学肥料和农药、不添加任何生长调节剂以及任何对土壤有残害的添加物，种植真正的“生态、有机、无公害”的绿色作物。

（二）可食森林

“可食森林”是“有家”打造的可食用的多样化生态系统。人们可以尽情深入森林，发现和采摘可食用的花、果实、野菜等，尽情体验山野之趣。还可以闻着清淡悠幽的青草气息，听着轻风拂过树梢的打叶声，翻找并品尝丛林中的野菜果实，尽情享受不被世俗纷扰的舒畅与惬意。可食食材有板栗、柿子、桑葚、竹笋等，可食用花有紫藤、芍药、蒲公英等，不同季节的森林会给人们意想不到的惊喜。在林中的劳动所得将会在加工后被呈上餐桌，野苋菜可清炒，榆钱可凉拌，白果用来与排骨炖汤，早餐吐司上涂抹的果酱是胡颓子制成的，圆润的芽麦圆子的主要原料之一是棉线头，斑斓香酥的花饼中添加了金银花，虾仁所搭配的茶香源于附近的大片茶田……

（三）林间私宴

林间私宴是藏在风景里的隐秘筵席，是“有家”打造的全身心投入式用餐模式，有机的食材、匠心的制作、精致的摆盘，不管是生日宴、订婚宴、毕业宴、家宴、团宴、公司年会等，“有家”都会依据顾客的需求，提供别样的体验。在这里，顾客融入自然风景，直接置身于山林与竹林中，可坐卧自如与友畅谈，可流连自然风光，或穿行或驻足，人与环境相互敞开、拥抱，处于真实、真切的自然状态。阳光透过叶梢的缝隙洒落在长长的木质餐桌上，脚下的卵石带来微微凹凸不平的质感，不远处不断传来孩子们寻找惊喜的尖叫嬉闹，微风拂过不知疲倦滋滋作响的烧烤架时带来阵阵诱人的香气，舌尖菜肴是提前与主厨沟通定制的熟悉且有新意的味道，赏、听、闻、食各项活动同时展开，多种感官获得全面的身心皆适的愉悦。

（四）主题餐

以二十四节气养生餐为代表的主题餐，是“有家”为顾客营造的仪式感，是对传统农耕文化的纪念，也是顺应自然时令气候物产的盛宴。立春时节的春卷，雨水时节的元宵，春分时节的春卷，清明时节的青团，立秋时节的红烧肉，白露时节的红烧肉，大寒时节的八宝饭等，既是大自然的馈赠，也是“有家”对传统文化中关于“敬畏天时，遵循时间发展规律，与自然和谐相生”理念的实践。

三、“有家”助力日常生活审美化

只对“有家”的餐饮进行了简要的审美构建分析，事实上其余空间营造、物品选择、活动组织等方面也都充满了审美构建。“有家”对无处不在的生活细节进行了审美挖掘和经营，且其中蕴含的生活美学并非抽象的概念堆积，而是体现在具体的、直观的、感性的日常生活小处，如人们还可以体验花道、茶道、香道等，在此过程中，生活的节奏被放慢，表现出舒缓的节奏。“休闲是审美走向生活的契机，而审美则是休闲的最高境界”，告别匆忙和焦虑，放缓脚步，用心并专注地用审美经营生活，这是“有家”践行并试图进一步传达给顾客的生活理念。

“有家”是生活美学的体验地，但不是仅提供片刻心灵休憩的乌托邦，更重要的是，它启发人们对生活美学的思考和自我日常生活的审美化。罗丹（Rodin）曾说，美到处都有，只是我们的眼睛看不见美。人们往往缺乏主观能动性也不善于发现平凡又烦琐的日常生活中的美。生活中的事物虽人人见，但其中的妙处并非人人都能意会和赏析。“有家”以处处用心的精妙细节使每个场景都成为充满梦想的处所，使顾客在其中停留片刻也能感受深刻。当人们离开“有家”回到自己的居所，也能以同样具体和细致的“有家”态度留意自身的日常生活，静下心来悉心留意、细细品味生活中那些不起眼的小细节，从而忘却日常生活的繁复、平淡，达到真正的审美境界。

第三节　现代民宿品牌价值提升案例研究

在文旅融合的大背景下，民宿经营者迎来新的经营挑战：如何构建和提升民宿的文化价值、夯实民宿的核心竞争力，使民宿成为景区旅游目的地的有机组成。本节通过庐山三家不同经营模式的民宿案例，展现民宿如何通过打造文化知识产权（IP）向游客传达丰富的文化内涵、提升自身品牌价值，并挖掘其实践中的共性和规律。

一、文化 IP 概述

IP 是“Intellectual Property”的缩写，原意为知识产权。文化 IP 特指一种文化产品之间的连接融合，是有着高辨识度、自带流量、强变现穿透能力、长变现周期的文化符号。从消费者角度看，文化 IP 代表着某一类标签或文化现象，可以引起他们的兴趣，并且愿意追捧，甚至可能转化为消费行为；从运营商角度看，文化 IP 代表着某一个品牌、无形资产，可以通过商业化运营、产业化融合，转化为消费品，实现价值变现。

（一）庐山本地文化元素

庐山是 1982 年首批被国务院认可的国家级风景名胜区。1996 年 12 月，联合国教科文组织世界遗产委员会批准庐山以“世界文化景观”列入《世界遗产名录》，并对庐山的人文价值给予了高度评价，指出江西庐山承载了书院教育文化、山水文化、建筑园林文化、宗教文化等诸多文化元素。2003 年，庐山被评为中华十大名山之一。2004 年，庐山入选中国第一批世界地质公园名录。2007 年 3 月，被评为国家 5A 级旅游景区。2009 年相继入选“中国十大避暑名山”“中国最美十大名山”。

庐山风景秀丽，以雄、奇、险、秀闻名于世，被誉为“人文圣山”，素有“匡庐奇秀甲天下”的美誉。全山有 20 多处远古文化遗址、600 多处中古文化遗址，有 900 多处摩崖石刻、200 多处古建筑。有 16000 多首诗词歌赋赞美庐山。苏轼的《题西林壁》中的诗句“不识庐山真面目，只缘身在此山中”家喻户晓，影响深远。南宋哲学家朱熹更是在此振兴了白鹿洞书院，开创了中国讲学式教育之先河。庐山既是中国山水诗的策源地、中国田园诗的诞生地、中国山水画的发祥地，又是中华文化精粹——理学的诞生地、佛教中国化的完成地、道教殿堂化与规制化的完成地，可以说，庐山实为中华文明的殿堂。自英国传教士李德利在光绪二十一年（1895 年）租借庐山长冲谷一带建造别墅起，到 1935 年，共有英国、法国、美国、俄国等 20 多个国家共建西式别墅 800 余幢，由此庐山从古代隐逸中心转型为国际化的避暑胜地，奠定了今日庐山民宿的雏形。这里曾是中华民国国民政府的夏都，也是中华人民共和国成立后的“庐山会议”召开地。

（二）景区旅游促进文化 IP 活起来

文旅融合是将文化产业应用于旅游业，借助旅游业的发展更好地展示文化内涵与特质。文化产品的加持，又可以带来更加丰富的旅游体验，扩大旅游景区的影响力，成为景区的新卖点。

通常学术界和市场层面在谈到文化 IP 的时候，往往会更多关注于文创产品，如伴手礼及其他具有文化创意的小礼品，包括旅游纪念品、日用品、办公文具和艺术品等。通过人格化的文学故事创作进行挖掘，使用多种载体进行传播，并围绕对应的文化元素进行高附加值的产品包装与文化 IP 使用授权。站在乡村旅游的大视角来看，民宿因其包含着丰富的体验价值，自身便可以成为展现文化创意的“大产品”，无论是建筑自身展现出的生活美学还是民宿室内陈设与体验活动都可以深刻融合地区文化与人文精神。关注民宿与文化 IP 方面的结合，可以为民宿提供丰富的、可持续开发的人文资源，为乡村旅游规划师、民宿建筑与环境设计师、民宿主人与民宿管家带来更多创作的灵感和机遇。

（三）民宿文化 IP 的构建

庐山的自然风光、人文气息自古就吸引着人们前往游览。在大力发展乡村旅游的今天，民宿作为景区旅游的有机组成部分，承载着人文精神传承与展示的重任。将文化 IP 植入民宿的环境、产品和服务中有利于凸显民宿独特的文化底蕴和地方特色，增强民宿的文化亲和力。民宿主动强化游客的文化体验感知，有助于促使文化 IP 动态、持续、深入地发展与演化，形成与外在环境和景色的融合互动，增强景区的人文气息。

文化 IP 具有的较强辨识度和知名度，可以作用于民宿的建筑、装饰及服务等各个方面，让其在激烈的市场竞争中脱颖而出。游客可以通过视觉和体验快速辨识，帮助民宿提高知名度。文化 IP 的构建有利于民宿在经营过程中进行客群区分，针对高客单价值的游客进行私域客群的维护建设。

文化 IP 承载着突出的本地特质，有益于民宿与本地文化特征充分融合。民宿在多种文旅体验活动的研发和推广过程中，能够彰显地方独特的个性魅力。

文化 IP 具有深厚的文化底蕴，把民宿当地的文化特色融入 IP 打造中，形成当地特有的文化符号，深得追求国潮的年轻消费群体的价值认同和喜爱。其符合人们对于美好生活的向往，且与乡村民宿呈现的质朴、惬意、美好的形象相得益彰。

二、不同经营模式下的民宿案例三则

（一）庐山云里客栈

庐山云里客栈地处庐山南麓归宗文化旅游度假区，由中国航空技术国际控股有限公司（简称中航国际）投资开发，与千年归宗古禅寺相伴，和陶渊明的诗意田园相邻，禅意、诗意、乡壤地气氤氲自生。庐山归宗文化旅游度假区距庐山温泉仅5分钟车程，整个度假区占地956亩，投资近7亿元，配套业态有商业街区、归宗寺、公寓、度假别墅、民宿客栈、生态农业、文创市集、文化IP活动等，是中航国际关于人文美学与营造生活度假新模式的探索与匠心实践。云里客栈正是这里的一处精妙之笔，目前已投入使用的客栈客房总面积1025m²，商业服务配套空间3660m²。

庐山云里客栈2016年正式营业，配有专业的管家服务，平均房价在688元／日～4688元／日不等（根据房型不同），其品牌影响力跻身江西民宿第一阵容，成为庐山民宿的标杆。其成功的因素是“自由着墨的隐逸美学、文化寻回”的设计和“庐山下，灿生活”度假新模式的营造。整个度假区以“魏晋遗韵”的建筑风格为主，主打人文美学，客栈共有12间客房和3栋别墅，并通过归宗寺、商业街、望庐书院、雅集空间、灿农场、庐山玉帘泉瀑布、庐山温泉七大旅游配套服务，解决游客定制式乐活度假需求。

1．设计规划，凸显文化IP特色

庐山云里客栈并不在庐山山上，也不位于环庐山的六大核心景区（桃花源、秀峰、观音桥、白鹿洞、三叠泉、碧龙潭），那么它如何刚投入运营就能获得市场的青睐？除了拥有强大的实力，更在于它在挖掘、传播、践行庐山文化等各方面匠心独运。制定“庐山下，灿生活”的主题，给城市的人们带来了一种远离繁华的幽静之感，怪不得陶渊明在此写下“暧暧远人村，依依墟里烟”“户庭无尘杂，虚室有余闲”的诗篇。

整个客栈的设计非常具有禅意，青砖路、石围墙、木制门牌等。看似不经意间的装饰，都蕴含了匠心设计。推门而入，米白色土墙满是细腻的颗粒感，高挑的秸秆屋顶让人感觉古朴且开阔。软装布置色调多选取灰、白、原木等素雅禅意的元素，构成了一个简单洁净的舒适生活空间。在屋檐下望向庐山，会发现这里是一个极妙的天然相框，柔和的天光下，庐山仿佛加了滤镜，土墙周围翠色流转，所见之处皆成景。不管是一个人，还是一群人，在这里都可以享受到静谧的时光。

2. 深挖传统，构建文化IP感知

云里客栈的项目团队针对江西的民间艺术与非物质文化遗产不断调查挖掘，行走数千千米，从庐山石工号子、金星砚、西河戏到九江剪纸、瑞昌竹编、万载夏布、文港毛笔，再到铅山连四纸、南丰傩舞、婺源徽墨等，深度探寻匠人技艺及其背后的传承故事。云里客栈的项目团队通过保护与创新，实现了民间艺术和非遗文化与度假区的融合发展，通过大力弘扬优秀传统文化，全面促进了“大美庐山”的经济和社会发展。

归宗景区所在地曾是南康府重要的古驿道，文人墨客、商贾云集于此。每逢特定节日，乡野村民都相聚在这里举办大型集市，或买卖，或会友，或看戏，形成了归宗景区特定的农耕文明遗俗——灿墟。

2017年元宵佳节，度假区复兴了“元宵闹归宗”的习俗。通过举办“灿墟市集”，让金星砚、西河戏、古法酿酒、全丰花灯、西河戏、捏泥人、做糖画等留存在乡村的各种传统文化和手工艺品纷纷登台亮相，周边的市民、远方的游客慕名而来。日接待游客近万人次，辐射南昌、武汉、上海、广州等城市，春节期间带动周边消费达1260多万元（其中民宿的入住和文创产品的销售就有186万元）。

连接城市，回归乡村，体验传统文化，为乡村留住原味。度假区通过对非遗文化的保护与传承，为庐山市的文化旅游注入活力，让传统的非遗文化活起来。

3. 管家服务，深化文化IP温度

早在2016年的时候，江西省内的民宿中还没有民宿管家服务的说法。那时，高端民宿还只是以度假酒店高级客房的形式出现，服务方面完全参照星级酒店的服务标准，属于被动响应式的模式。庐山云里客栈创新性地将地产运营中的管家模式率先引入民宿的运营中，让游客真正感受到宾至如归。

从客人在线下单的那一刻起，云里客栈6名管家就会一对一地联络对接，了解客人从哪里来、气温如何、交通的选择、是否需要接站、入住时是否有老人或小孩、是否带了宠物……询问其喜好、帮助其制定旅游路线、提供饮食的定制化产品。面对这种温情而细致的服务，还有什么理由不选择它呢？

云里客栈目前以二十四节气命名12间客房，分别是立春、雨水、惊蛰、春分、谷雨、立夏、小满、芒种、夏至、小暑、大暑、白露，以及3栋别墅（金轮、云锦、浔阳），房内原色裸呈的罐、钵、瓶等器物，透露着古旧的气息，来自景德镇的百年古董青花瓷片设计成装饰挂件，木头相框、植物挂画和来自当地竹篾匠人的手工艺品，看似信手拈来的随意，却是生活之本。

如果客人来到云里客栈，当天入住的房间正好是二十四节气的某一个节气，管家则会提前精心布置出节气的氛围，包括节气文化、习俗等，并会邀请客人一起来品尝节气里的美食，让舌尖的诱惑浸入人心。

4. 丰富营销手段，宣传文化 IP 形象

经营民宿推广非常重要。虽然云里客栈拥有中航国际的品牌优势，但在自身的宣传推广方面，它也一直深度耕耘。从早期的微博、微信公众号到现在的抖音、小红书都是云里客栈的推广平台。它的宣传文字给人一种画面感，具有带入性。那种从文字里透出的优雅与静逸，无时不在感召着游客，来一场说走就走的旅行，去体验赣锈、种田、插秧、陶艺、点心、茶艺、香道……

在互动推广方面，庐山云里客栈结合庐山的资源，推出“住民宿免费泡温泉”“来归宗寻觅年味”等活动，让客人感受江南独有的秀美，体验各类年俗活动。

在事件营销方面，2016 年，中航国际与开始众筹、乡伴东方、璞缇客等企业联合主办美宿大联唱盛会。2017 年荣获“SMART”（一种度假产业智慧平台）中国安吉国际乡创峰会“最佳乡创活动组织奖”，2019 年获评旅居优品“真善美奖 · 2019 年度真善美旅居客栈”。云里客栈知名度逐年提升，中外慕名而来的客人越来越多，现已经成为高端民宿、商务活动、会议、婚礼等接待的首选地。

5. 庐山样本，凸显文化 IP 特色

度假区的文化 IP 是“灿”文化，云里客栈作为度假区的一部分应承载这一文化，让入住的客人能融入“灿”文化之中，让更多的游客在这里找回乡村的回忆。

2015 年 5 月，“C.A.N. 计划”落地庐山归宗，这里 C 代表文化（Culture）、A 代表农业（Agriculture）、N 代表自然（Nature），C.A.N. 拼成中文即“灿”，因此，度假区项目取名为“灿村”。通过“C.A.N. 计划”理念的导入，从传统村落改造、民宿创新入手，以建筑为载体，形成文化、农业和自然的聚合力，探索一种能够让传统与现代相融、文明与自然和谐共生的生活方式，构建一个满足现代人生活居住、可持续发展的聚落，实现人与自然的美好关系。

有关于“灿”的行动持续在这里开展：美国南加州大学学生来到灿村开展村落改造的课题研究，并参加了德国的包豪斯论坛，这类活动将持续开展，吸引更多的国际友人来到这里；邀请中国民艺专家管祥麟参与中国民艺江西行，在灿村再现江西本地的民间手艺；与南昌大学合作开展本地文化的研究，灿村未来依然会保留传统的民风民俗；聘请日本及国内的生态专家，在灿村营造健康

生态环境，开展有机生态种植。灿村所做的就是为游客在这里实现一个能装载情怀的田园梦。

在灿村，有两项活动连续举办了五年，就是与千年农耕文明紧密相连的“插秧节”和“丰年祭”。在灿村插秧节上，传承千年的南丰傩舞在灿村的田野中表演。当穿着红花布衣、戴着柳木面具的傩神，从祈福仪式到跳起表现田间生产生活的傩舞时，现场的游客感动了，这才是过去农耕文明应该有的仪式。在灿村丰年祭上，主办方将庐山当地的星子西河戏从戏台搬到了黄灿灿的稻田舞台，并将其改编成民乐交响乐。一群村民在舞台上有秩序地按照弧形落座，三四十人在鼓点的指挥下，用十几种民乐演绎出一首首古老喜庆的曲子。来到这里的游客感动了，他们发现与这片土地相依为命的村民是如此多才多艺。

灿村的插秧节和丰年祭活动，每届都有不同的主题。把玩（与稻共生、亲子游戏、稻田秀、非遗展、草地民谣）、食（庐山下的田园餐、长桌宴）住（云里客栈，禅意生活）进行有效融合，让游客心中的诗和远方，在庐山归宗的大地上一并实现。

（二）望庐山居

望庐山居精品民宿项目是在原村民 10 余栋老旧房基础上改建而成，由庐山市庐峰文旅发展有限公司投资开发，总投资 1200 万元。聘请中央美术学院知名专家设计，突出清雅的江南山水园林风格。该民宿位于庐山秀峰风景区（《望庐山瀑布》题诗处）的邱家坳，共有 30 间不同主题和风格的客房，并配有餐厅、小型会议室、K 歌房、茶室等功能区。

该民宿于 2022 年 5 月 1 日正式对外营业，深受消费者的青睐。通过把周边的其他民宿资源整合在一起，形成了自然的宿集效应，盘活了闲置农房、带动了村民就业、促进了农产品销售和集体经济的发展。这是“美丽活力乡村 + 乡村民宿”联动建设的“四带动”模式，是一条乡村民宿发展的新路径，成为全市乃至全省乡村振兴的示范样板。

1. 建设背景

邱家坳，作为庐山市白鹿镇的一个自然村，依山坐落。2020 年，庐山市提出“一乡一园、一乡一景”的工作思路，邱家坳进行了“七改三网”建设和人居环境整治，道路、房屋、庭院、溪流、小桥、围栏焕然一新又别致美好，原来的村庄改变了模样，曾经很多年轻人都想逃离的邱家坳变成了“让来自城市的游客在这里找到诗意和远方，在这里望得见山，看得见水，留得住乡愁”。

新农村建设是一个平台，也是一种契机。望庐山居正是在这样的机会下，秉承一种使命和担当，成为环庐山地区民宿中的一颗耀眼明珠，更成为九江乡村民宿经济发展的示范区，每个月多次接待各级部门的参观考察。各方都在积极探寻乡村产业可持续发展的路径，如何把小而美的民宿作为入口，引导更多乡村产业入驻，如何让旅游服务业，更好地助推第一产业、第二产业的融合发展。

随着城市化进程的加快，乡村正在成为越来越多的城市人心目中的乌托邦，乡村民宿作为乡村旅游业中一种“小而美”的商业模式，以其独特的自然风光、文化习俗和慢生活体验受到广泛欢迎。

2．联营合作

望庐山居民宿始终和邱家坳这个村子保持着密切的联动。以民宿为着力点，联营合作的有秀峰景区、庐味草堂（餐饮）、金星砚研学馆、观瀑园（大型儿童主题公园）、景林桃园，并与万杉寺开展禅修体验。同时，联合南昌、九江的亲子机构，推出周末营和夏令营、冬令营，既拓宽了渠道和资源，又串联起了邱家坳周边的业态，让更多的游客在这里感受到一个充满烟火气息的邱家坳。

现在的望庐山居民宿志在打造“感受旅途体验，回归乡野艺术”的主题民宿，助力乡村振兴，带动邱家坳文旅的新发展。虽然体量很小，却能够将文化和流量联系起来。以休闲农业、地方文化、节庆等内容为重点，将民宿与景区、体育、文化、节庆等传统产品深度融合，拓展餐饮、交通、旅游、研学、娱乐等多个环节，形成“民宿＋”的乡村旅游模式，实现微旅游，这也是望庐山居民宿和村集体共同探索的另一条出路。

目前望庐山居联营了另外 5 家民宿，形成了资源共享、客源共享、管家共享、服务共享的合作模式，并根据不同的主题定位，深度共享、共赢，成为九江首个民宿集群。

邱家坳拥有得天独厚的农业生态资源和非遗文化资源。望庐山居把周边的庐山云雾茶园整合起来，开发了茶叶，还与海庐茶博园联合开发出云雾茶口味的茶饼，同时与庐山金星砚非遗传承人合作开发系列金星砚庐山诗词产品等。

3．营销推广

李白的诗歌《望庐山瀑布》令邱家坳成为人们心生向往的旅游目的地。无论是“飞流直下三千尺，疑是银河落九天”的豪迈，还是那香炉峰在阳光的照射下生起紫色烟霞，都给人无限憧憬与遐想。

望庐山居民宿正是借助这首七言绝句，在自媒体平台迅速提高了知名度，众多游客慕名前来。正如我们常说:“我们常常会因为一个人而喜欢一座城，也会因为喜欢一首诗而爱上一个地方。”

在OTA平台上，望庐山居民宿大量应用了高清图片，图文并茂地介绍周边旅游资源，同时加大对分销体系的推广，并联合“庐山民宿壹号”推出“免费试睡”活动，极大地获得了流量。

在抖音团购推出伊始，望庐山居就抓住了这一波流量，采用邀约达人的方式来推广民宿，同时联合周边的景区景点，全方位推荐秀峰景区和邱家坳的乡村旅游。

在抖音账号人设方面，望庐山居以“一位茶艺师的民宿生活”为题材，讲述一位宝妈，因为热爱生活、喜欢茶艺与陶艺，特别想过一种“悠然见南山”的山居生活。她一边在城市工作，一边在民宿贩卖生活。民宿在她的打理下，逐渐吸引更多同频的年轻人来到这里解压，在繁忙的工作之余，可以在望庐山居歇歇脚，泡一杯茶，看一本书，听一听虫鸣，或是光着脚丫在小溪里玩耍，同女主人聊聊故事等。这种“山中方一日，世上已千年”的悠闲状态，正是久居城市的人想要的心灵治愈。

作为民宿主人，不仅要让自己的诗与生活得到展现，更要让客人的诗与梦想在这里得到释放。每个人，总会有形形色色的需求，而民宿管家要做的就是让这样的需求通过民宿这一载体进行连接，让每个人在这里都能找到他们的诗与远方。

4. 清晰定位

民宿的主题定位非常重要，在环庐山的民宿圈，除了有名堂民宿的民国主题定位，其他民宿在主题定位方面都非常模糊，而望庐山居则把目标放在了“二孩时代”，打造出“溜娃经济”的主题民宿。

随着多孩时代的发展，“80后”“90后”的宝妈对亲子教育特别重视。于是望庐山居民宿抓住这一机会，打造出广受欢迎的亲子民宿。

民宿的设计风格非常符合孩子的需求，能够让孩子释放出他们的天性。他们可以尽情地奔跑，可以肆意地追逐，可以到小溪里玩耍，可以在草坪里踢球，还可以在儿童绘本区静静地阅读……这里给孩子打造出了一个独立的沉浸式空间。民宿内还安装了丰富的亲子娱乐设备，如木马、秋千、蹦蹦床等。艺术手工、自然美育、户外活动等内容能激发孩子的潜力。自然教育老师可以为入住民宿的客人量身打造亲子互动游戏和提供自然教育课程。

为了缓解父母的教育焦虑，民宿内还喂养了一些萌宠的小动物（如小兔子、茶杯猪、卷毛狗），研发出便于亲子体验的作物种植活动（如根据时令季节，养护不同的时令蔬菜），并配套有相关农耕知识的讲解，让孩子在玩乐的过程中增长见识。除此之外，民宿还抓住亲子家庭的餐饮需求，为亲子家庭准备时令轻食餐。新鲜时令、有机的食材，再加上家长的体验和参与，让食材成为游客喜欢的产品。乡村土特产的销售极大地带动了民宿周边农林产业及副业的发展。

（三）庐山松陌民宿

庐山松陌民宿位于世界文化遗产地——庐山美庐别墅旁，其前身为山水别墅。1901 年由英国传教士希尔创建，先后有陈立夫、陈布雷、余鸿钧等人入住，中华人民共和国成立后刘海粟、周大集、王稼祥、程子华等先后在此居住。此地文化氛围极好，四周绿树成荫，自然与人文景观相互映衬，给人祥和、静谧之感。

庐山松陌民宿由江西初一酒店管理有限公司投资运营，总投资 2500 万元，共 23 套客房，于 2018 年开始筹备，历经三年，2021 年 10 月正式对外营业，曾获得黑松露中国民宿榜“年度最佳小而美民宿”特殊奖项。

松陌民宿在“悠”上做足了功夫，不断传递着“悠”的意境，让文化赋能民宿，用一栋老别墅、一间客房、一个个的“点”来诠释“悠”。

1. 定位独特文化 IP

联合国专家评价道：江西庐山是中华文明的发祥地之一，庐山的历史遗迹以其独特的方式，融汇在具有突出价值的自然美之中，形成了具有极高美学价值、与中华民族精神和文化生活紧密相连的文化景观。

江西初一酒店管理有限公司认为，庐山作为全国避暑胜地之一，是我国首个世界文化景观遗产，是首批世界地质公园，是中西文化交融合璧之山。庐山的品牌有了，那松陌又如何借势，打造出自己独特的 IP 呢？

通过 3 个月的市场调研和客群分析，公司把民宿文化定位为“松”文化（民宿周围也都是中华松），通过“松”文化的具象表现来发挥松陌民宿在庐山民宿圈中的标杆作用。众所周知，松树是植物王国的寿星，有“百木之长”之誉。浏览古籍，文人雅士对松也情有独钟。他们歌以赞松，诗以咏松，文以记松，画以绘松，鸿篇妙文不胜枚举，丹青杰作传世甚多。据《论语 · 子罕》，孔子曾赞松曰：“岁寒，然后知松柏之后凋也。”松枝舒展，恰似一位好客的主人，挥展双臂，恭迎四方宾客。松陌民宿将“松文化”作为自己的文化 IP，体现民宿的热情、好客。

2. 设计呈现文化 IP

庐山松陌民宿以其独特美学、原生体验、用心服务，打造出具有特色的高端民宿品牌。设计师以山深、文脉、东方、雅致、宁心等为设计元素，使民宿从空间结构到光线层次都充满艺术观赏性。民宿提供管家式服务，精心准备早餐和下午茶，打造静谧优雅的休闲空间，只为游客能享受到优质的居住环境开启浪漫的庐山之旅。

室内设计以极简风为主，搭配日式元素，呈现舒适完美的空间感。民宿还配备健身房、游泳池、户外温汤泡池、酒吧、书房、瑜伽室、冥想室等公共区域，给住客提供休闲、交友的私密空间。房间客用品从纸巾到漱口杯，每一样都是精挑细选，无不尽显细致与奢华。

目前松陌民宿共有23间客房，分别以“松”和“陌”来命名（松丘、松庭、松岚、松侣、松在、松笠、松堤、松径、松茶、松风、涧松、听松、山松，陌森、陌隐、陌上、陌客、陌野、春陌、里陌、今陌、天陌、长陌），同时打造“松”和“陌”文化，让游客沉浸式的体验。整个民宿极具艺术美感，精心设计的美学场景，把每扇窗户都当作一个画框，从任一窗户往外看去，都是一幅绝妙的图画。

3. 扎实做好服务

民宿配备专业管家服务，从客人住宿预订成功到入住民宿，都有专门的管家提供服务，在缆车索道出口、车站出口提供免费接送服务，并为游客提供庐山旅游咨询。

（1）地理位置

离索道和牯岭街很近，民宿会派车来回接送，周边就是美庐，步行可达，民宿的位置高差很大，有一种闹中取静的安逸感。

（2）服务态度

按五星级酒店的标准服务。从下了索道开始就有司机和服务人员帮忙搬运行李，一对一的微信24h服务，有求必应，反应快，见面都要礼貌招呼，注意细节。

（3）住宿条件

客房基本为大床房，房间约27m^2，情侣和带低幼宝宝的家庭比较适宜，孩子大一点的家庭可选择更宽敞的房型。民宿提供免费的欢迎水果、山泉水和饮品，大厅的咖啡也是免费的。每个房间都配有浴缸，带上泡澡袋晚上美美地泡个澡，能够缓解爬山的疲劳。

（4）配套与活动

公共区域空间大，体验活动丰富，节假日也会有特色的主题活动，周边还有露营的配套设施，很适合年轻人一起玩乐。民宿还可为住店客人提供瑜伽老师、颂钵音疗、芳香疗愈等私人定制服务。

（5）早餐

花样多元，中餐、西餐都有，还有江西特色小吃。

4. 营销让文化 IP 与特色传播更远

民宿在传统营销基础上，尝试新媒体运营，根据客户画像，精准定位客群，在抖音和小红书上获得良好口碑和广大粉丝的信赖。

作为庐山独此一家具有户外汤池的民宿，一经推出，松陌民宿就圈粉无数。很多武汉、广州、上海的客人都来体验民宿的汤池。“温汤 + 玫瑰”是一种非常惬意的方式。汤池的水温控制在 40℃～45℃，能够让人放松身心。玫瑰的花香更能带来烂漫的气息。在如此舒适的环境下，客人可以沉浸在自己的世界里，感受生活的美好，忘却生活的烦恼与压力。

5. 探讨民宿与非遗融合发展的创新模式

近年来，非遗与地方旅游业的关系随着乡村振兴战略的持续推进日益紧密，非遗在文化旅游融合发展中的作用也日益凸显，其对赓续乡村文脉、激发文化魅力、释放文化效益、展现文化特色意义重大。通过对上述案例的分析，我们延伸探讨民宿与非遗融合发展的创新模式。以期对现代民宿品牌价值提升提供参考。

（一）民宿与非遗融合发展的类型

1. 整合利用型

非遗独特的文化性蕴藏着潜在的旅游价值，非遗的市场基因与日益蓬勃的旅游市场空间优势互补。两者可以通过功能重组和价值创新进行融合，形成包含非遗和旅游两个产业的新价值链。将非遗作为融合发展的核心，通过整合现有的非遗资源，向旅游者展示原汁原味的非遗技艺和精髓。非遗的整合利用需要依靠自身的特色和其蕴含的寓意，存在明显的分类利用、特色开发、需求耦合等特点。民宿与非遗融合必须有效整合和利用民宿周边的非遗资源，通过多种形式挖掘非遗背后蕴含的文化内涵，有机地将非遗与传统民俗节庆和自然资源相结合，并在民宿提供的各个平台上进行宣传，从而激起旅游者的入住欲望。例如，贵州丹寨的万达小镇将首批国家非遗名录中的古法造纸技艺、丹寨最典型的“编、制、染”传统工艺与鸟笼制作进行有效整合，使得丹寨的知名度和美誉度得到提升，也使非遗文化的传承和发展迎来新的春天。再如，秦岭北麓的小峪口村将“鱼化泥叫叫”、秦腔脸谱、广陵派古琴、古狮子收藏等非遗项目和自然资源结合，逐步构建了“非遗 + 民宿 + 旅游 + 研学 + 生活”的运作模式。非遗不仅成为该村的文化品牌，也成为村民增收致富的法宝。

2. 活化传承型

保护非遗的最好方式是活化，而活化非遗最好的方式是挖掘其蕴含的社会价值和潮流属性，着力推进非遗融入现代生活，赋予其时代意义。浙江宁波宁海县尝试将非遗融入民宿，创新非遗的传播途径，为民宿旅游增加非遗审美。宁海县的“岚月山房”创新性地推出非遗课程、非遗体验班，旅游者可以在民宿里进行泥金彩漆、清刀木雕、传统女工等工艺的体验学习。非遗项目的助阵使得“岚月山房”迅速成为宁海全域旅游的新名片。因此，民宿经营者要多方面推动非遗向质量型活化传承转变。首先，要让非遗从形式上“活”起来，非遗不应该是静止的，更不能只停留在纸面上，只有将非遗项目与文化旅游、民宿等有机结合，组织现场表演和技艺展示，使非遗成为地方民俗文化的活态呈现载体，才能全方位、立体化地向旅游者展示非遗特有的魅力。其次，要创新非遗文化的宣传推广途径，不断扩大公众参与度，增加公众的认知度，这需要民宿主与时俱进、创新非遗文化的宣传推广模式，可以通过直播进行线上展示吸引更多的人参与其中，激发他们的旅游入住意愿。最后，与时俱进是非遗传承的现实土壤，想让非遗活化，就要推动非遗更好地融入现代生活。一方面，可以推动非遗“牵手”现代设计，推进传统工艺转型升级，尝试将非遗元素与民宿的餐具、酒具、茶具、桌椅等用具相结合，设计能与当代生活相融合的非遗产品；另一方面，要持续推动非遗传承的融合发展、创新，通过非遗项目体验活动带动餐饮、休闲等关联产业的发展，构成新颖完备的非遗产业链。

3. 参与体验型

当今的旅游者不再单纯地满足于民宿的住宿功能，还想通过参与体验类的旅游活动来全方位地感受当地的地域文化魅力。民宿在规划设计之初，可以增加非遗展示区、学习区和交流区，便于非遗传承人与入住者、参观者开展学习交流和体验活动。非遗项目的体验性包括非遗传承人与参观者之间的互动、参观者与非遗展品之间的互动两个部分，借助体验性能让旅游者充分地理解非遗的制作流程和象征寓意等。例如，吐鲁番的粟特客栈从设计时就秉承古丝绸之路的特色文化理念，让入住者能够感受到浓郁的吐鲁番特色风情，旅游者还可以在客栈体验非遗文化土陶手工艺制作，了解吐鲁番悠久的历史文化。吐鲁番市以“非遗文化＋民宿体验”为核心，铸造了一批集非遗保护传承、民风民俗展示、演出互动于一体的民宿，为旅游者带来别具一格的文化体验。将民宿与非遗融合能让旅游者全面感受非遗的魅力，同时也为非遗的活化开辟了新的路径。

4. 艺术衍生型

民俗的就是大众的，民间的就是市场的。民宿经营者必须活化一批带有地域文化的风俗、风情、风味的产品以提升民宿的档次。在旅游过程中，若想为旅客提供一个全方位的深度旅行体验，需要满足其“吃、住、行、游、购、娱”六大需求，而民宿往往最容易忽视旅游者的“购物”需求。民宿可以通过生产具有当地特色的旅游产品来延续客人在当地的记忆和体验。例如，浙江松阳鸣珂里文化民宿结合当地的客家文化推出石仓白老酒、松阳土茶、山边马灯手机壳等一系列文创产品。传统扎染、剪纸、刺绣等传统手工艺与现代创意的结合能映射出非遗文化的温度；昆明木巴克民宿里的家具都是民宿主纯手工制作，且每一件家具背后都充满故事；福建武夷山的驻野剪纸艺术酒店以剪纸为主题吸引了许多前来观光住宿的旅游者。非遗契合了广大人民群众的基本情感需求。民宿需要设计出紧贴新时代、凸显优秀文化、反映地域特色的旅游产品，从而充分调动旅游者购买消费的欲望。民宿可以提供以生活类工艺品为主的特色旅游产品，这类产品在实用性和性价比上超过了传统的旅游产品。在设计时充分结合地域文化的元素符号，使产品达到外观精美、内涵丰富的效果，提高产品附加值，让旅游者全方位、深层次地感受非遗的魅力，延伸其在民宿的体验，从而增加民宿和旅游者之间的黏性。

5. 创意驱动型

创意开拓道路，文化赋予灵魂。民宿一方面要立足自身优势，不仅深入挖掘所在地的非遗项目及其蕴含的文化内涵，还要设法提炼出与新时代相符合的元素符号，以此为基础打造创意产品。另一方面要不断创新。随着媒介技术不断提高，新媒体以多角度、立体式方式参与到非遗传播中。新媒体与传统媒体相比具有更方便、更快捷、更具交互性等特点，而民宿可以有效借助微信、微博、抖音等新媒体扩大对非遗的宣传，同时也扩大自身的影响力。在新媒体时代，民宿经营者可以利用新媒体搭建与旅游者互动的平台，传播非遗文化引起消费市场关注。民宿可以制定新的营销策略，如通过微信平台发布信息，开发移动 App，丰富用户预订民宿的渠道等。民宿经营者可以将民宿的详细信息及特色以图片、文字和短视频的形式发布在微信、微博和哔哩哔哩上。另外，也可以充分利用社交平台，实时地与客户沟通互动，为客户解答疑惑。非遗应该依托沟通元（指基于一个可复制的共同的基本价值要素，在不同语境中可以不断扩散变异的文化基因）进行创意构想，并以各种形式展示、传播相关创意，调动受众的消费热情，进而促进受众转化为旅游者和传播者。民宿通过创意设计传播非遗文化，再通过受众自身传播扩散，让非遗的内涵得到充分的宣传与阐释，使之在受众群体中形成“第一印象”，进而成为旅游者入住的“第一选择”，最终达到顾客再次消费和自主传播吸引新顾客的目的。

（二）民宿与非遗融合发展的创新模式

民宿与非遗的融合发展离不开创新，创新是引领发展的第一动力，有着丰富的内涵。从管理视角来看，民宿与非遗的融合创新是满足市场需求、提高市场竞争力和产生经济效益的重要途径；从服务视角来看，民宿与非遗的融合创新是民宿文化内涵的提升；从旅游者视角来看，民宿与非遗的融合创新能够给旅游者带来视觉、触觉等不同的感官体验，提供个性化的服务，增强旅游者的体验感、愉悦度和满意度。在旅游消费升级的态势下，充分挖掘潜在的消费市场，将民宿与非遗融合，提供多元化、个性化的民宿服务，可以从以下六种模式入手：

1. 理念导向模式

创新的关键和前提在于理念，将民宿与非遗融合，需要民宿经营者在精准定位的基础上进行理念创新，摒弃落后的经营管理理念，紧跟市场的发展趋势，树立市场化思维，充分结合自身特有的资源和优势，从民宿与非遗融合的设计规划理念、人才培养理念、管理制度理念、营销宣传内容和渠道上进行创新，以创新来适应旅游者个性化与多元化的发展需求，用新的理念和服务来满足不同客人的需求。

民宿和非遗融合，首先，要转变发展理念，依托“互联网 +”、大数据等技术，推动线上线下消费有效结合，能有效促进消费提质升级。其次，要调整发展结构，民宿与非遗融合还能催生如民宿规划建设、民宿景观设计等一批服务业态，促进多种产业融合发展。最后，要创新发展模式，以投资、融资等方式不断吸引外来投资者，组织政府、投资者、非遗传承人等进行资本融合，合理规划配置民宿各要素，以“民宿 + 非遗”的思路形成独具特色的民宿和非遗融合路径。由点带线，由线带面，深化全域旅游合作，促进全域共生，实现区域协调发展。

2. 功能导向模式

地域特色、文化气氛和主人情怀是民宿显著区别于酒店的特征。民宿不同于传统酒店，虽然其核心功能也是住宿，但民宿除了具备核心的住宿功能，还需要考虑旅游者的精神需求、情感需求。因此民宿要设法摆脱较为单一的住宿功能，向多元化功能延伸。民宿可以是艺术品，融入非遗、情感、怀旧的情节，让旅游者可以体会到乡愁。民宿的可持续发展必须迎合现代旅游者的消费心理，积极向“民宿 +”的新业态拓展，完善民宿功能。

各民宿之间最大的差别就是各自的独特性和主题性。每个地方的地域文化和资源禀赋都有所不同，民宿主需要将人文、地貌等要素凝练成文化元素融入民宿的整体设计中，提高其附加值，逐渐探索民宿的真正意义，达到建筑与自然、文化的有机结合和相对统一。非遗融入民宿在赋予民宿文化内涵的同时，在功能性上更要满足现代人的生活需求。大部分民宿在衣食住行方面，受到诸多限制，因此更加需要设计者在设计时提高其功能性，除了满足基本功能外，更需要将休闲、商务、度假、康养等一系列的相关配套设施考虑其中。在户外空间与室内空间的规划和分区中，可将两者相互融合，打造多功能休闲空间，力求给客人带来最舒适便捷的住宿体验。

3. 活动导向模式

旅游者对于旅游项目体验、文化内涵体验的要求随着物质生活水平和精神需求的提升而增加。民宿需要做出从以旅游住宿为核心功能向以住宿为基础、地域文化体验为主要服务内容的转变。民宿可以结合地域文化塑造情怀，用故事、用温度、用乡愁来温暖人、感染人、启迪人。在融合过程中更要突出体验感和参与感，充分发挥非遗的优势，在明确市场定位的基础上，开发从农林渔牧到自然环境、从民风民俗到文化节庆的各种配套体验产品。

民宿需要结合当地的地域文化、非遗资源更新体验功能，打造体验空间场景。引入各种特色旅游体验活动，形成网红打卡地，激发旅游者利用社交媒体进行分享，从而吸引新顾客来此消费。通过多样的体验活动、优质的服务、舒适的环境达到让老顾客来此重复消费的目的。为吸引旅游者，民宿经营者可以通过创造或提供各种特定体验项目或活动，扩展民宿产品的延伸功能，体验活动可以以自然体验、民俗体验和生态科普等为主题，例如，农业体验、林间探险、手工创意、民俗体验等，满足不同消费群体探奇、商务、情感、休闲等需求。与此同时，将民宿经营者的生活情调与趣味、人文情感等融入民宿经营管理中，可以开展剪纸、陶艺、插花等体验活动，让旅游者以多元化的方式体验民宿中的非遗元素，并在参与活动的过程中提升入住体验。在民宿提质升级的进程中，亟待深入挖掘民宿所在地的地域文化、非遗元素，同时通过举办特色活动，丰富民宿的内涵。

4. 智慧导向模式

当前，信息技术的发展迅猛，信息技术的变革影响着人们的思维和行为方式，尤其是近年来，“新基建”概念日益深入人心，其对于民宿行业的重要性也不言而喻。以人工智能、第五代移动通信技术（5G）为代表的新兴互联网技术的出现给民宿行业带来巨大的发展机遇，民宿经营者可以将互联网技术运用于民宿和非遗融合的场景搭建与运营管理中，促进民宿智能化发展，同时也有助于同步提升民宿行业的经济效益和社会效益。智慧民宿是指民宿业利用电子商务、物联网、云计算等技术，实现管理和服务的信息化与智能化，以便更加便捷高效地管理。

智慧化的目的是满足旅游者多元化、个性化的深度体验需求，它给民宿用户带来的是一种便利，更是一种体验。一方面，民宿经营平台可以利用大数据技术，挖掘、整合数据并进行深度分析，对民宿用户及其消费行为进行精准画像，从而不断设计、推送与民宿用户个性和需求匹配度更高的民宿产品；另一方面，科技赋能，打造场景体验。将民宿和非遗融合时，最关键的是促进非遗从博物馆化、舞台化向场景化的转化升级，打造非遗文化空间，不断提升非遗场景化体验。利用现代科学技术展示非遗的形成过程，揭示它们蕴含的意义，以更直观、更灵动的方式向旅游者展示非遗文化的魅力，如民宿主人可以采用现代化信息设备制作非遗的图像、音频、视频等资料，再经过精细化的处理与加工，成为民宿的宣传材料，在网络、电视、抖音、快手等各大平台上进行播放展示。在民宿和非遗的融合过程中加入智能元素，不仅能为民宿用户带来更好的居住体验、激发其消费欲望，而且有利于非遗文化的传承与创新，坚定我国文化自信。

5. 市场导向模式

年轻群体，尤其是“80后”“90后”，逐步成为旅游消费的主力军，正在深刻影响着中国旅游业的发展。他们拥有切实的旅游消费能力和出游需求，选择更趋多样性，对差异化、个性化的产品与服务提出了更高的要求。大部队人不再满足于酒店式的传统住宿方式，选择民宿也不会完全停留在住宿、餐饮的基本功能上，而是倾向于追求民宿的文化内涵、独特性以及在此基础上衍生出的体验感。因此，民宿要适应市场消费群体的需求，不断完善民宿产品体系。

目前，独具特色的文化成为民宿最珍贵的资源和最核心的资产，民宿为了适应旅游者日益多元化和个性化的需求，需要明确自身的主题定位，并不断向着垂直化、纵深化方向拓展，从而呈现多样化的发展态势。一方面，民宿在建设和运营中需要体现地域文化，融入民宿主的情怀；另一方面，民宿为了满足旅游者个性化的需求，需要针对不同的消费群体设计更精准的主题，如禅道、禅修、亲子等。主题定位需要一定的解构和诠释能力，而且要做到专业化，这样才能对旅游者有黏性。民宿让位于需求侧的旅游者参与其中，实现主客双向互动，使得民宿与旅游者之间的黏性不断提升。

6. 品牌导向模式

随着旅游需求的升级转变，知名度、安全、卫生、特色、体验性成为当前旅游者选择民宿最关心的问题，市场需求的转变也倒逼民宿业加速变革。在国内民宿发展的政策法规和市场需求的推动下，品牌化为民宿业的发展指明了方向，加快民宿品牌的塑造是实现民宿业可持续发展的必然要求。目前，国内市场上有如花间堂、裸心谷、山里寒舍等民宿品牌，许多民宿经营者设法丰富民宿产品供给，凸显民宿文化内涵，对民宿品牌进行精雕细琢。民宿品牌的实质就是给旅游者留下别人没有的深刻印象，让旅游者有消费需求时首先想到品牌旗下的产品或服务。

丰富民宿与非遗融合的形式，针对不同类型的非遗，集聚开发民宿所在地的非遗资源，通过重组、创新非遗旅游产业链和消费链，打破非遗生产散、弱的现状，实现非遗和民宿融合的规模化发展。在发展中充分运用非遗的原真性、神秘性和垄断性等特征，遵循活态性、时代性、特色性、情景性的基本原则，根据不同地域、不同年龄、不同文化背景的人群，打造能市场化推广的产品集群，推动有市场竞争力的非遗项目产业化、品牌化。非遗具有独特性、地域性、难以复制性等显著特征，在与民宿融合的过程中要注重塑造地方品牌形象，进一步扩大非遗的影响力。在塑造品牌形象的过程中，民宿主可以利用互联网等现代科学技术宣传本地的非遗，丰富本地非遗的传播途径，让更多人领略民宿所在地的文化内涵。塑造具有地域文化的品牌形象，以旅游者需求为导向，将地域知名的非遗打造成精品，突出旅游者体验的独特性，从而提高民宿的知名度和关注度，进而达到吸引游客的目的。

参考文献

[1] 张素梅，王祖良，谢雨萍．民宿［M］．长春：吉林科学技术出版社，2020．

[2] 黄和平．民宿产业发展路径研究：以上海为例［M］．武汉：华中科技大学出版社，2021．

[3] 吴文智．民宿概论［M］．上海：上海交通大学出版社，2018．

[4] 洪涛，苏炜．民宿运营与管理［M］．北京：旅游教育出版社，2019．

[5] 廖君，吴鑫．民宿教育理论与实践［M］．成都：电子科技大学出版社，2019．

[6] 杨彦锋，刘丽敏，李林霏，等．民宿管理与运营［M］．北京：中国旅游出版社，2021．

[7] 闫雪．乡村民宿管理经营［M］．北京：北京邮电大学出版社，2018．

[8] 尹萍，郭贵荣，杨帆．民宿新媒体营销［M］．北京：旅游教育出版社，2022．

[9] 陈盛．互联网＋民宿运营与场景营销［M］．北京：中华工商联合出版社，2020．

[10] 严风林，赵立臣．民宿创办指南［M］．武汉：华中科技大学出版社，2020．

[11] 冯国华．共享经济背景下乡村旅游民宿业挑战研究［J］．湖北开放职业学院学报，2023，36（20）：125–126．

[12] 张宁宁．基于互动空间下的体验型民宿设计方法研究［J］．居舍，2023（30）：16–19．

[13] 韩喜红，李阳阳．乡村振兴背景下乡村民宿新内生式发展模式探索［J］．安康学院学报，2023，35（5）：20–25．

[14] 史立丽．旅游民宿发展问题及对策研究：以烟台市蓬莱区为例［J］．延边党校学报，2023，39（5）：81–84．

[15] 霍慧颜，温馨．地域性视角下现代体验型民宿改造设计研究 [J]．鞋类工艺与设计，2023，3（19）：165−167．
[16] 赵子彪，王晓艳．多维视域下民宿发展困境与改进举措探析 [J]．产业创新研究，2023（5）：79−81．
[17] 刘玉凤．生活美学视域下乡村民宿高质量发展策略研究 [J]．南昌师范学院学报，2023，44（1）：129−133．
[18] 杨艳．旅游经济下的民宿经营管理路径研究 [J]．中国管理信息化，2023，26（4）：124−126．
[19] 黄小薇．基层治理背景下乡村民宿产业发展研究 [J]．当代县域经济，2023（1）：77−79．
[20] 陈静，肖泽南，郑蝉蝉，等．民宿建筑特殊防火设计研究 [J]．消防科学与技术，2022，41（12）：1665−1669．
[21] 钟丽娟．基于游客感知价值的民宿旅游影响因素研究 [D]．桂林：广西师范大学，2023．
[22] 高舒锐．游客真实性体验对乡村民宿品牌资产的影响机制研究 [D]．秦皇岛：燕山大学，2023．
[23] 梁雅瑞．我国民宿行业监管法律问题研究 [D]．太原：山西大学，2021．
[24] 丁正晗．C2C 城市民宿的犯罪预防研究 [D]．北京：中国人民公安大学，2022．
[25] 何昕宇．我国民宿在线短租法律规制研究 [D]．蚌埠：安徽财经大学，2020．
[26] 倪海燕．基于网络评论的莫干山网红民宿情感认同研究 [D]．上海：华东师范大学，2019．
[27] 濮颖洁．“互联网 +”背景下民宿品牌视觉形象的情感化设计研究 [D]．苏州：苏州大学，2021．
[28] 许志辉．S 民宿差异化营销策略优化研究 [D]．福州：福建师范大学，2022．
[29] 宋培铭．共享民宿的地方政府监管问题研究 [D]．长春：东北师范大学，2022．
[30] 刘冰．地域性视角下当代乡村民宿设计策略研究 [D]．大连：大连理工大学，2019．